Monika Finger

Edelsteine und Farben

Monika Finger, geboren 1939, ist vielen esoterisch Interessierten wohl bekannt als Psychotherapeutin und aus der Zeit als Inhaberin des Berliner Seminarzentrums „Der Edelstein".

Als Beraterin macht sie allen an ihrer Weiterentwicklung interessierten Menschen mit diesem Buch ein Angebot, sich auf vielen Ebenen inspirieren zu lassen.

Die Autorin

Herstellung und Verlag:

Books on Demand GmbH, Norderstedt

ISBN 978-3-8370-9979-9

Monika Finger

EDELSTEINE UND FARBEN

Eine Zusammenfassung und Aufstellung
meiner Erfahrungen mit Edelsteinen und reinen Farben,
die ich als Spender von Heilenergie und liebevolle Begleiter
kennen und schätzen lernte.

Von den vielen Wundern der Natur
ist der Stein ein einziges nur.
Doch um Wunder zu verstehen
musst du lernen, sie zu sehen.

M.F.

DIE MAGIE DER EDELSTEINE

Seit Jahrtausenden glauben Menschen verschiedener Kulturen an die geheimnisvolle Wirkung der Edelsteine. Ihnen wurden Heilkräfte und Einflüsse auf den menschlichen Körper zugeschrieben. Die edelsten der Steine wurden als Lieblingskinder der Schöpfung verehrt. Das Wort „edel" hat für viele Menschen bis heute einen Hauch von Luxus, Reichtum und unerfüllter Wünsche, sicherlich dadurch geprägt, dass im Altertum das Edle nur den Edelmännern, Menschen mit Macht und Einfluss, zugänglich war. So auch die Edelsteine, mit denen sie ihre Krieger, Schwerter, Paläste, Kronen und Grabkammern schmückten.

In unserer westlichen Welt haben wir alle heute Zugang zu den edelsten Steinen und obendrein eine breite Palette zur Auswahl, in Art und Form auf unterschiedlichste Weise von der Natur hervorgebracht. Ob von Meisterhand geschliffen und in Fasson gebracht oder im Urzustand belassen, strahlt ein jeder seine Energie und Schönheit auf einzigartige Weise aus.

DIE WIRKUNG DER KRISTALLE, FARBEN UND EDELSTEINE

Wie allgemein bekannt, sind Kristalle für die Technologie – bei Uhren, Computern, Radios etc. – durch ihre Fähigkeit exakter Reaktionen auf elektromagnetische Strömungen unentbehrlich geworden. Diese elektromagnetische Strömung können wir in gleicher Weise für uns nutzen, um unser Bewusstsein zu verändern oder unsere positiven Veranlagungen zu verstärken.

Wir wissen, dass Kristalle und Quarze aus Silizium und Sauerstoff aufgebaut sind, Elemente, die sich auch im menschlichen Körper finden. Ihre Frequenzen und Energiefelder sind daher ähnlich wie beim Menschen. Die Kristalle haben jedoch den Vorteil, dass sie konstanter sind und so durch die elektromagnetischen Strömungen Harmonie auf ihr Umfeld übertragen. Diese Harmonie wollen wir ungeachtet dessen, dass die Wirkung der Edelsteine auf die Psyche trotz vieler Erfolge noch immer angezweifelt wird, für Körper und Geist nutzen.

Die zarte Schwingung der Edelsteine und ihre reinen Farben sind für die Aktivierung der Selbstheilungskräfte geradezu von der Natur dafür geschaffen. Jede Farbe wird von unseren Augen zu 90 % direkt als Sinnesinformation an das Gehirn geleitet und ermöglicht so die bewusste Wahrnehmung der Farbschwingung und ihre Wirkung auf die Psyche. Da wir zehn Prozent der Information über die Haut aufnehmen, ist auch über das "Farbenfühlen" eine Einflussnahme auf Körper und Geist möglich.

Farbe ist lebendige Energie.

MEINE ERFAHRUNG MIT EDELSTEINEN UND IHREN REINEN FARBEN

Auf den Spuren alter Mythen wandelnd, wollte auch ich lernen, die Energie der Edelsteine zu erspüren. Seit 25 Jahren beschäftige ich mich auf verschiedenen Ebenen intensiv und erfolgreich mit den Zusammenhängen der Energiezentren – auch als Chakren bekannt – und den Edelsteinen.
Die Heilwirkung von Farben auf den menschlichen Körper war mir bekannt. So ordnete ich die Steine aufgrund ihrer Farbe dem jeweiligen Energiezentrum zu und stellte eine Verbindung her.

Mit meinen Kenntnissen aus der Farbtherapie konnte ich meine Erfahrungen im Umgang mit edlen Steinen schnell vertiefen.

Mit Hilfe der Haut und der Augen begann ich, die Struktur ihrer Farbenergie zu erspüren. Die Erfolge meiner Arbeit mit diesen Energien und der dadurch hervorgerufenen Bewusstseinsveränderung gab ich in Seminaren weiter. Hier will ich nur einen kleinen Einblick in die Welt der Edelsteine und Farben geben.

Ich startete schnell eigene Versuche, denn ein Nachahmen war nicht das, was ich für mich annehmen wollte. Ich versuchte immer, mit den Fragen „wieso?" „weshalb?" „woher?" „warum?" und „unter welchen Umständen zeigen sich der Schmerz und die Krankheit?" das gesamte Bild zu erfassen.
Zur sofortigen Hilfe mag eine alphabetische Aufstellung nützliche Hinweise geben, doch war es mir wichtiger, auf die Ursa-

che zurückzugehen. Ich machte mir bewusst, welches der Energiezentren ich aufbauen oder unterstützen wollte, um auf Dauer erfolgreich zu sein.

Als erstes musste ich lernen, meine eigenen Energien sensitiver zu erspüren, um die Schwingungen der Edelsteine besser wahrnehmen zu können.

Ihre chemische Zusammensetzung, wie z.B. das Eisen im Hämatit, das Magnesium im Peridot, Kupfer im Malachit und Aluminium im Rubin, hatte eine andere Ausstrahlung und Schwingung, als die mir schon bekannten Farbenergien.

Die Schwingung der Farben im Zusammenhang mit Edelsteinen war viel intensiver. Jeder einzelne Stein strahlte, obwohl zu einer gemeinsamen Gruppe gehörend, eine andere, eigene Energie aus und löste so auch verschiedene Schwingungen und Stimmungen im Körper aus. Es dauerte Tage oder Wochen, bis ich die für mich harmonischste Schwingung spüren konnte. Danach begann ich, die Energien der Edelsteine auf mich wirken zu lassen.

Ich überlegte, welches Energiezentrum ich unterstützen wollte, um die dazugehörigen Steine auswählen zu können. Ich arbeitete jedoch nie mit mehreren Steinen gleichzeitig, bevor mir die Schwingung eines jeden einzelnen bekannt war. Wenn ich meinen Stein gefunden hatte, nahm ich zuerst Verbindung über Herz und Gefühl auf. Nachdem mir seine Energie vertraut war, legte ich den Stein auf das dazugehörige Energiezentrum auf und ließ den Dingen in tiefer Meditation freien Lauf.

Ich erbat Antworten auf meine Fragen, die ich klar und deutlich vor der Meditation formulierte, einer Meditation, die Konzentration auf mein Innerstes, auf meine Seele bedeutete. Die

Antworten zu begreifen, zu verstehen und richtig einzuordnen, ist danach immer eine wichtige Aufgabe.

Das Schwierigste war, das Erfahrene ohne wenn und aber anzunehmen, um eine Bewusstseinsveränderung zu erreichen. Auf geistiger Ebene war eine sofortige Veränderung möglich, auf körperlicher Ebene nur Schritt für Schritt, aber auf allen Ebenen war mir mein Stein immer ein hilfreicher Begleiter.

BEWUSSTSEINSVERÄNDERUNG

kann uns über unsere Körpergrenzen hinaus zur Bewusstseinserweiterung führen. Hier geben wir mehr oder weniger
die Identifikation mit unserem Körper auf und tauchen in ein
neues Wahrnehmungsfeld ein. Dort haben wir andere Möglichkeiten als im Wachzustand. Wir können mit unserem Körper verschmelzen, uns völlig auf ihn einlassen und Blockaden
erspüren. Wir können aber auch die Ursache der Blockaden
sehen, erkennen und auflösen. Unser Bewusstsein geht auf
Reisen und in diesem Zustand können wir leicht herausfinden,
welcher Stein für bestimmte Situationen wie Selbstheilung,
Veränderungen und Wunscherfüllung der richtige ist.

Bewusstseinsveränderung, Bewusstseinserweiterung,
außersinnliche Wahrnehmung, inneres Sehen

Wir alle haben diese Fähigkeiten in uns und wir können sie
durch konsequentes Üben wieder aktivieren. Die sinnliche
Wahrnehmung, das, was wir sehen und schmecken, ist meist
sehr oberflächlich. Wir müssen lernen: Ich bin nicht mein Körper, ich habe ihn nur. Außersinnliche Wahrnehmung ist aber
keine Fähigkeit unseres Körpers, sondern eine Fähigkeit unseres Bewusstseins. Wenn ich mich nicht nur mit meinem Körper
identifiziere, empfinde ich mich als freies Bewusstsein. Das
Bewusstsein ist wie eine große Wolke, die dort hinzieht, wo
ich eine Information abrufen möchte – eine Information, die
ich mit meinen Sinnen nicht erfassen kann. Ich habe durch
Bewusstseinserweiterung viel über mich, über andere Menschen, Schwingungen und Energien erfahren.
Hier wurden die Steine und ich zu engsten Vertrauten und Ver-
bündeten in liebevollem Miteinander.

MEIN STEIN UND MEINE FARBE

Mein Stein kam zu mir. Er war da und eroberte mein Herz im Sturm. Genau so, denke ich, wird es immer sein, wenn wir den Stein unserer Seele finden, nicht suchen.

Doch die Frage, wie suche ich meinen Stein, wird oft gestellt. Ich denke, es ist eine Sache des Gefühls und des Fühlens. Jeder Edelstein hat seine eigene Faszination, aber intuitiv werden wir immer den Stein finden oder wählen, der gerade jetzt oder für immer unser Stein ist.

Die Faszination aller Steine vergleiche ich oft mit uns Menschen. Manche sind voller Schönheit für unsere Augen, andere ziehen uns auch ohne Glanz und Glamour an.

Es heißt nicht umsonst, zwei Energien, die sich begegnen, ziehen sich unweigerlich an. Wenn wir es nur zulassen, finden wir unseren Stein und spüren, wo wir ihn am besten einsetzen, um in der Steineroberung erfolgreich zu sein. Genauso spürt unser Innerstes, unsere Seele, welche Farbe wir zur Gesunderhaltung benötigen und mit welchen Farben wir uns umgeben sollten, um unsere Kreativität zu steigern und unsere Schönheit voll zu entfalten. Macht aber nicht die Mode schon oft Einschränkungen, in dem sie, wie die Natur, nur im Frühling und Sommer die leuchtenden Farben, im Herbst und Winter aber nur stille bis dunkle Farben anbietet?

HAT DIE MODE RECHT ?

Sollten wir die Farbenpracht der Natur nur in der ersten Jahreshälfte genießen? Sollten wir uns der Natur anpassen oder den Kreislauf unterbrechen?

Wir haben ihn schon lange unterbrochen.

Wir nutzen nicht die frühe Dunkelheit zur Rast und Ruhe und nicht zur Vorbereitung auf das neue Erblühen.

Wir schalten das Licht ein und verlängern den Tag, wir arbeiten und wirken wie an hellen Sommertagen. Wir halten keinen Winterschlaf und erleben die Erntezeit durch importierte Früchte des Südens das ganze Jahr hindurch.

Dann sollten wir auch den Körper und die Seele in der dunklen Jahreszeit mit Farben und Edelsteinen unterstützen. Die Energien der Farben sollten wir das ganze Jahr, ein Leben lang, sinnvoll nutzen, indem wir uns altes Wissen wieder zu eigen machen.

EDELSTEINE – FARBEN – ENERGIEN

Die Asiaten gehen davon aus, dass jeder Mensch mit einem bestimmten Potenzial an Energie geboren wird und im Laufe eines Lebens durch Nahrung, Luft und Lebensumstände neue Energie dazu gewinnt. Diese Lebensenergie und ihre Stärke spiegelt sich deutlich in den Farbschwingungen der sieben Chakren wider. Chakren werden auch Räder genannt, weil sie wie zwei Räder in kreisender Bewegung für die nötige Schwingung im Körper sorgen.

Sie haben bestimmte Farben, die mit unseren Meridianen, Drüsen und Organen in Verbindung stehen. Großen Einfluss haben sie auf unsere psychische Kondition und auf unser Wohlbefinden. Wenn wir die Bedeutung der Edelsteine und Farben kennen und um ihre Wirkung wissen, haben wir die Möglichkeit, insbesondere über die sieben Chakren auf Körper und Geist Einfluss zu nehmen. Jede Zelle, jeder Teil unseres Körpers besitzt Energien, die verstärkt oder gedämpft werden können.
Die Aussagen stimmen nicht immer überein, wenn es um die Zuordnung der Edelsteine zu den Chakren, Planeten oder Sternzeichen geht. Viele Überlieferungen lassen viel Verwirrung entstehen und den Suchenden oft zweifeln, wenn in drei Büchern vier unterschiedliche Aussagen zu finden sind. Wenn wir aber bedenken, wie viel Zeit der Überlieferung verstrichen ist, wie viele Beobachtungen gemacht, wie oft die Namen der Edelsteine verändert wurden und neue Steine hinzukamen, dann ist der Wirrwarr nicht verwunderlich.
Bevor die Edelsteine ihre Namen bekamen, wurden sie nach Farben benannt, z.B. Rotstein oder Grünstein. Der Rotstein stand für Blut, Liebe und Kraft, der Grünstein für Stille, Harmonie und Heilung. Diese Überlieferung hat bis heute ihre

Gültigkeit und zeigt deutlich die Übereinstimmung von Edelsteinen und Farben.

Die Verbindung zu der Aura und den Chakren lässt sich schnell erkennen, und den eigenen Versuchen sind keine Grenzen gesetzt.

DIE AURA

Das Wort Aura bedeutet Windhauch und kommt aus der griechischen Sprache. Zart wie ein Windhauch umgibt sie auch unseren Körper. Aurafarben sind Grundenergien, in denen der Lebenssinn, die Fähigkeiten und Anlagen eines jeden Einzelnen enthalten sind. Wegweisend beeinflussen sie und andere Farben unser Leben. Durch sie bekommen wir Kontakt mit allem, was uns begegnet, sie lässt uns Energien spüren und fühlen, sie zeigt uns, bevor wir es bewusst wahrnehmen, welche Schwingungen in unserem Umfeld in Bewegung sind. Je strahlender die Aura, desto gesünder ist der Mensch, oder je bewusster der Mensch lebt, desto strahlender ist die Aura. Sie ermöglicht es, die Grundschwingung eines jeden Menschen zu erkennen und Vergangenheit, Gegenwart und Zukunft abzulesen. Krankheit und Kummer haben wie Freude und Leid Abdrücke hinterlassen, die es zu erkennen und zu verändern gilt.

Die Legende sagt, die Aura würde gestärkt und geglättet durch die vom Quarz eingebetteten Turmalinnadeln. Wir fühlen Behagen oder Unbehagen, nachdem unsere Aura Kontakt mit einer uns nicht bekannten Schwingung aufgenommen hat.

Je feinfühliger ein Mensch ist, desto früher spürt er die fremden Energien, die seine Aura in einem großen Umkreis erfassen kann und sie wie durch Antennen zu uns leiten. Die verschiedenen Schichten der Aura stehen in ständiger Verbindung mit uns und unseren Chakren. Gemeinsam erschaffen sie die nötige Energie für unser Dasein. Sie beginnen das Spiel des Lebens: Harmonie und Disharmonie, zwei gegensätzliche Schwingungen, die sich im Körper durch Gefühle und Gedan-

ken widerspiegeln. Es gilt, sie zu erkennen und die Disharmonie zu beseitigen.
Die Aura stellt für uns die Verbindung zum Universum her.

Meine ersten Versuche, die Aura zu sehen, zu erspüren machte ich im Jahre 1995 auf der schönen Insel Cape Cod in einem Seminar über paranormale Fähigkeiten bei Harald Wessbecher. Dort lernte ich, dass ein wichtiger Bestandteil des Auralesens die Gefühle sind. Wenn ich die Aura eines Menschen lesen möchte, muss ich mit meinem Bewusstsein in diesen Menschen hinein gehen, mich mit ihm verbinden, ich muss ihn und die Farben fühlen und empfinden. Die Gefühle und Empfindungen muss ich dann – und das ist der schwierigste Teil – so übersetzen, dass es einen Sinn macht.
Dazu muss ich alle Vorurteile, Beurteilung, alle eigenen Gedanken und Schwierigkeiten außer Acht lassen. Abstand von eigenen Gedanken, Problemen und Gefühlen zu gewinnen, ist genauso wichtig, wie das Loslassen und Leermachen.
Gefühle dürfen nicht mehr abhängig sein von äußeren Umständen. Wir müssen lernen, Gefühle, die wir nicht haben wollen, auszutauschen.
Dadurch können wir nicht nur die Aura erkennen, sondern auch unseren Alltag positiv gestalten.
Die Farben der Kernaura, die wir bei der Geburt mitbringen und leider nicht immer leben, sagen viel über unsere Fähigkeiten und Anlagen aus.
Wir können also davon ausgehen, dass ein Mensch der glücklich und erfolgreich ist, egal wie wir Erfolg definieren, seine Kernaura lebt.

DIE CHAKREN

Wir haben nach Überlieferungen 122 wichtige Energiezentren in unserem Körper. Die Hauptzentren werden Chakren genannt. Sie befinden sich entlang der Wirbelsäule im vorderen Bereich. Es sind insgesamt sieben, fünf in den Wirbeln und zwei am Kopf. Ihre Energien begleiten uns bis ans Ende unserer Erdentage. Danach verschmelzen sie wieder zu einer Einheit mit der Aura und dem Kosmos, bis sie durch ihre farbige Energie wieder neues Leben erwecken, wie sie auch uns mit Lebensenergie erweckt haben. Wenn wir auf unsere Seele und unseren Körper achten, achten wir auch auf unsere Chakren, nur im Zusammenspiel mit ihnen treten wir in den großen Kreislauf der immerwährenden Liebe ein.

Durch die Edelsteine und Farben können Chakren, die aus dem Gleichgewicht gekommen sind, wenn sie zu uns in Resonanz stehen, wieder geordnet und mit neuer Energie versorgt werden. Die Schwingungen der Steine und Farben sollen die Chakren an ihre eigentliche Aufgabe, unser Immunsystem zu erhalten, erinnern. Die von ihnen ausgehenden unsichtbaren

Frequenzen schwingen wie in der Musik die Töne und können so Einfluss auf Körper und Geist nehmen. Die Erkenntnis, dass der menschliche Körper Resonanzkräften zugänglich ist, kann hier positiv genutzt werden. Das Resonanzprinzip sagt auch, dass kleine Kräfte eine große Wirkung haben. So ist es erklärbar, dass Edelsteine und Farben Einfluss auf unseren Körper, auf Aura und Chakra nehmen.

EINFLUSS UND WIRKUNG
DER EDELSTEINE UND FARBEN
ÜBER DIE CHAKREN

Erstes Chakra
Wurzel – oder Basiszentrum

Die Farbe Rot: Verbindung zum Genitalbereich Blut-Zellaufbau. Farbbedeutung: Dynamik, Ausdruckskraft, Aggressionen, antreibend und erdig.

Mit der Farbe Rot unterstützen wir den Blut- und Zellaufbau, steigern die Ausdruckskraft und Dynamik, fördern den Selbstausdruck und stärken das Selbstbewusstsein. Neue Motivation und Kraft für den Alltag werden im roten Chakra geboren, weshalb ich für meine Arbeit folgende Steine benutzte, um die Energie der Standfestigkeit und Vitalität aufzubauen und die beschriebenen Organe zu unter stützen.

Granat, Hämatit, Jaspis, Rubin.

Der *Granat*, im Mittelalter als Karfunkel bekannt, galt als Krisenstein und hilfreicher Begleiter. Er hilft bei niedrigem Blutdruck und Kopfschmerzen.

Der *Hämatit* wirkt, wie aus Überlieferungen bekannt, anregend bei Kreislaufschwäche und niedrigem Blutdruck.

Der **rote** *Jaspis* hat eine besonders starke Wirkung im psychischen und physischen Bereich, wodurch er für mich zum ständigen Begleiter wurde, der wie ein Grundstein zum Aufbau der anderen Zentren nötig ist. Er gab mir körperliche Kraft und unterstützte mich mit seiner kraftvollen Energie, er gab mir Standfestigkeit und Selbstvertrauen. Den Jaspis benutze ich auch bei meiner Arbeit mit den anderen Energiezentren, um immer eine Verbindung zur Basis zu halten.

Der **Rubin** hilft bei Liebesfreud und Liebesleid. Er zähmte die Schmetterlinge im Bauch und trocknete die Tränen. Bei den Indern heißt er Ratnanayka, Herr der Edelsteine.

Zweites Chakra
Sexual – oder Sakralzentrum

Die Farbe Orange: Verbindung zu den Fortpflanzungsorganen, den Nieren und der Blase.
Farbbedeutung: Hektisch, dynamisch, Sexualität.

Niere und Blase liegen im orangefarbenen Zentrum und können durch die Farbunterstützung zur vollenergetischen Leistung motiviert werden. Dynamik und Sexualität liegen hier dicht beieinander. Liebe zu allem und Selbstliebe kann durch Orange gesteigert werden, weil das liebevolle Miteinander in dieser Farbschwingung reift. Um das Sexualzentrum zu unterstützen und den liebevollen Umgang mit mir und meinem Umfeld zu verstärken, benutze ich folgende Steine:

Calcit, Feueropal, Karneol

Der *Calcit* stellt die Verbindung zum Solarplexus her. Seit ich Edelstein- und Farbseminare gab, ist mir aufgefallen, dass viele Menschen einen Mangel an Orange haben und sich oft nicht bewusst machen, wie wichtig diese Energie ist. Ein orangefarbener Stein sollte deshalb bei der Steinauswahl nicht fehlen.

Der *Feueropal* bringt Erkenntnisse und neue Gedankenmuster. Er ist auch hilfreich auf der Traumebene.

Der *Karneol* war immer eine Hilfe bei Organbeschwerden und eine große Unterstützung, wenn es um Einheit, Verschmelzung und das liebevolle Miteinander ging.

Drittes Chakra
Sonnengeflecht oder Solarplexus

Die Farbe Gelb: Verbindung zur Niere und zum Magen, zur Milz, Leber, Galle und Bauchspeicheldrüse.
Farbbedeutung: Spontaneität, Ausdruck, Gefühl.

Kindliche Naivität, Sonne, Licht und Spontaneität vermittelt uns die Farbe Gelb. Sie regt die Organe im Bereich des Solarplexus; an und lehrt uns, das Rein- und Rauslassen der Gefühle bewusst zu leben und zu erleben. In Verbindung mit Rosa und Grün schafft auch Gelb den Ausgleich von Nehmen und Geben. Hier wollte ich Spontaneität unterstützen und lernen, Eindrücke aufzunehmen und abzugeben , ohne Spielball meiner eigenen Gefühle zu sein. Auch die Unterstützung der in diesem Chakra liegenden Organe war mir wichtig; dazu benutzte ich folgende Steine:

Bernstein, Citrin, Jaspis, Tigerauge

Der *Bernstein* versetzte mich durch sein sonniges Gelb immer in Urlaubsstimmung. Ich möchte das Gefühl mit Stille und Zufriedenheit beschreiben.

Der *Citrin* war eine große Hilfe bei Beschwerden der Galle und Leber. Er soll hilfreich bei Diabetes und Nervosität sein.

Der *gelbe Jaspis* erzeugte eine Energie, die ich als träge, für mich zu unbeweglich, bezeichnen möchte.

Das *Tigerauge* bringt Gefühle, die außer Kontrolle geraten sind, wieder in Harmonie und Einklang mit der Seele.

Viertes Chakra
Herzzentrum

Die Farben **Grün** - **Rosa**: Verbindung zur Thymusdrüse, zum Blut und Kreislaufsystem.

Farbbedeutung: **Grün** = Ruhe, Stille, Kraft und Heilenergie.

Rosa = Gefühlsausdruck, Sehnsucht, liebevolles Sein.

Grün, eine Farbe des Herzens, erleichtert, bringt Ruhe und erhellt eine traurige Seele. Das Herzchakra wird gestärkt und Liebe geben und geliebt werden schwingen mit Rosa im Gleichklang.

Rosa, die Farbe der zarten Liebe, des Gefühlsausdruckes „ich will geliebt werden und in Harmonie leben".

Rosa bringt Zärtlichkeit für Körper und Seele. Rosa und Grün sind zur Unterstützung der Herzenergie als Einheit besonders wertvoll. Viele Menschen in meinem Umfeld benutzen, wie auch ich, beide Farben im Herzchakra. Ich wollte Nehmen und Geben in Harmonie schwingen lassen, Widersprüche auflösen und das liebevolle Lassen mit folgenden Steinen erlernen:

Grüne Steine:
Aventurin, Chrysokoll, Chrysopras, Dioptas, Fluorit, Jade, Malachit, Olivin, Smaragd, Turmalin

Der *Aventurin* hat für mich eine starke Heilenergie, die ich bei nervösen Herzbeschwerden einsetze. Er wirkt sehr beruhigend und gibt den Augen Entspannung.

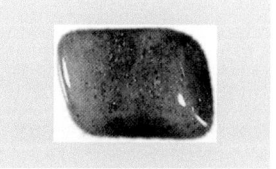

Der *Chrysokoll* schafft eine angenehme Verbindung zwischen Herz - und Kehlkopfzentrum. Ich benutze ihn, um beide Zentren aufzuladen.

Der *Chrysopras* ist mein Stein. Bei Schmerzen, bei Traurigkeit, in allen Lebenslagen ist er mein Helfer, Heiler und Begleiter, eben mein Stein.

Der *Dioptas* hat wegen seines satten Grüns eine besondere Anziehungskraft auf mich und gibt mir ein Gefühl von Reichtum und Fülle auf allen Ebenen. Er regt zum Schwärmen und Träumen an.

Der *Fluorit* hat einen Schleier, der, wenn er durchdrungen ist, geheime Wünsche offenbart und zur Lösung drängt.

Die *Jade* hilft, wie aus alten Überlieferungen bekannt und auch nach meiner Erfahrung, bei Erkältung. Ein Schutzstein aus Jade kann als Wegbegleiter den Abschiedsschmerz lindern. Jade steht auch für ein langes Leben.

Der *Malachit* war mir bei Herzbeschwerden zu kompakt, so setze ich ihn
lieber bei Entzündungen oder Hautab-
schürfungen ein.

Der *Olivin* wirkt beruhigend und brachte eine geheimnisvolle Stimmung, die
zum Träumen anregt.

Der **Smaragd** hat für mich eine Energie
der Liebe und Harmonie, eine Schwingung der Freude und Hoffnung. Ich benutze ihn, um beide Zentren aufzuladen.

Rosa Steine:
Wassermelonen Turmalin, rosa Fluorit, Kunzit,
Rosenquarz, Rhgodrochrosit, Rhodonit

Der *grüne* und *rosa Turmalin,* auch
Wassermelonenturmalin genannt, stellt
für mich die Verbindung von Nehmen
und Geben, von Yin und Yang her, er
begleitete mich auch in die Traumwelt.

Der *bunte Fluorit* erweckte ein Gefühl, wie von Engeln begleitet zu sein, und war angenehm bei Bewusstseinsreisen. Um in der Herzenergie Einklang, Ruhe und Stille einziehen zu lassen, ist er ein liebevoller Begleiter. Wenn ich ein Verstehen auf allen Ebenen erreichen möchte, benutze ich immer einen rosa und grünen Stein gemeinsam. Als Begleiter wähle ich die passende Energie je nach Gefühl aus: an stressigen Tagen Grün und an Tagen, an denen mir Streicheleinheiten fehlen, Rosa.

Der *Kunzit* übertrug seine harmonische Schwingung auf zarteste Weise in mein Herz und weckte Gefühle von Sehnsucht. Er brachte Klarheit auf der Traumebene.

Der *Rosenquarz* verleiht mir immer ein Gefühl, geliebt zu werden. Er lehrt mich, Vertrauen und Selbstvertrauen zu haben. Körperlich sorgt er für Ruhe und Wärme.

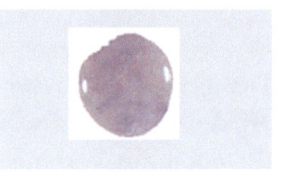

Der *Rhodochrosit* hat eine tiefe, ruhige Schwingung, die in Verbindung mit Malachit sehr kompakt auf mich wirkt, aber auch Kraft und Stärke gibt.
Der *Rhodonit* stellt eine Verbindung zum

Basiszentrum her und bringt so eine kraftvolle Schwingung in beide Energiezentren.

Fünftes Chakra:
Hals – oder Kehlkopfzentrum

Die Farbe Hellblau:
Verbindung zu Schild- und Nebenschilddrüse, Lunge, Bron-
chien und Kiefer.
Farbbedeutung: Leichtigkeit, Freiheit, Loslassen, Luftigkeit,
Durchatmen.

Die Körperfunktionen des Kehlkopfzentrums werden durch
hellblau aktiviert und angeregt, aber auch unsere Ausdrucks-
weise im sprachlichen und körperlichen Bereich wird durch sie
unterstützt und verbessert. Die Schilddrüse und die Halswirbel
bekommen hier neue Energie. Hellblau ist die Farbe des Red-
ners, sie gibt uns Luftigkeit und Freiheit, nimmt uns Angst,
sich festzulegen. Ich benutze folgende Steine:

Aquamarin, Amazonit, Chalcedon, Türkis

Der *Aquamarin* hat eine Schwingung
von Leichtigkeit, Frohsinn und Freiheit;
kein Wunder, da er doch der Schutzstein
der Seeleute ist.

Der *Amazonit* wirkt etwas schwerer, und seine Energie kam mir etwas gebundener, nicht so frei vor, weshalb ich ihn gern bei Besprechungen benutze, die Konzentration erforderten.

Der *Türkis* hat immer schützende Energien, von Geheimnissen umgeben, und vermittelt, unterstützt durch seine Matrix, ein Gefühl von Stärke und Kraft. Ich nutze ihn besonders im Bereich von Kommunikation und Austausch, auf körperlicher und geistiger Ebene.

Der *Chalcedon* ist für mich der Stein bei Vorträgen, und wann immer ich Rede und Antwort stehen muss, habe ich den Chalcedon dabei. Er ist ein Stein, der wie der Aquamarin durchatmen lässt und die Schilddrüse unterstützt.

Sechstes Chakra:
Drittes Auge – oder Stirnzentrum

Die Farbe Indigoblau:
Verbindung zu Hirnanhangdrüse, Nasenwurzel und Augen.
Farbbedeutung: Beruhigung, intuitives Handeln, Hellsehen und
Hellfühlen.

Sehen mit geschlossenen Augen, Ahnen und Verstehen verlangen nach lndigoblau. Durch die heilsame Wirkung der Farbe wird das Stirnchakra unterstützt, die innere Stimme geweckt und das Ahnen in Zusammenhang mit Violett zum Wissen. Um die Energie des dritten Auges zu unterstützen, um intuitiv zu wissen und zu handeln, aber auch, um mein Bewusstsein zu erweitern und außerkörperliche Wahrnehmungen zuzulassen, benutze ich folgende Steine:

**Azurit, Lapislazuli, Labradorit, Mondstein, Sodalith,
Saphir, Turmalin**

Der *Azurit* gibt mir ein Gefühl von Zeitlosigkeit, von grenzenlosem Sein; er inspiriert zu außerkörperlichen Reisen.

Der *Lapislazuli* hatte eine Wirkung, als würden sich die Wolken öffnen und ich die Energien dahinter wahrnehmen, als könnte ich sehen und hören in der Stille.

Der *Labradorit* ist ein Stein, der von Anbeginn eine besondere Verbindung zu meiner Seele hat. Sein tief schillerndes Blau ließ mich Energien spüren, die nur mit Erfüllung oder inniger Verbindung zu beschreiben sind.

Auf körperlicher Ebene machte ich mit den blauen Steinen besonders positive Erfahrungen, wenn es um Entzündungen, also um rote Krankheiten, ging. Mondstein und Labradorit sollen reinigend wirken. Hier vereint der Chrysokoll das Herz und Stirnzentrum. Eine Einheit, die Harmonie und Wahrnehmung zulässt.

Der *blaue Mondstein* regt zum Träumen an und weckt Sehnsucht, Körper und Geist in Harmonie und Einklang zu erleben.

Der *Saphir* hat in seiner Farbe einen Schleier der Geheimnisse verborgen, der mich anregte, mir meiner innersten Wünsche bewusst zu werden.

Der *Sodalith* ließ mich über das Stirnzentrum intuitive Entscheidungen treffen und hellsichtige Fähigkeiten entwickeln.

Siebentes Chakra:
Scheitel – oder Kronenzentrum

Die Farbe Violett: Verbindung zu Großhirn und der Zirbeldrüse.
Farbbedeutung: Spiritualität, Abstand vom Materiellen, Abstand vom Alltag, Spiritualität, das ist Violett!

Die Farbe hilft uns, auf höherer Ebene zu verstehen und anzunehmen, das Kronenchakra für Informationen zu öffnen, Kanal zu sein.
Außerhalb der Wirklichkeit den Lebenssinn zu begreifen und eine Brücke zum höheren Selbst zu schaffen, war mein Bemühen. Dazu benutzte ich folgende Steine:

**Amethyst, Bergkristall, Diamant,
Fluorit, Meteoriten**

Der *Amethyst* hat für mich die reinste und höchste Schwingung nach dem Diamanten, wenn es um das Scheitelzentrum geht. Bei der spirituellen Entwicklung und Entfaltung wollte ich mit den intensivsten Energien arbeiten. Der Amethyst lüftete den mystischen Schleier und ließ mich erkennen, dass die Dinge außerhalb meines Bewusstseins zu mir gehören wie die Geburt zum Leben.

Der **Bergkristall** hat für mich eine Schwingung, die der des Diamanten sehr nahe kam. Häufig war die Energie einer Bergkristallgruppe so stark, dass ich anfänglich Mühe hatte, sie gezielt einzusetzen. Nach einiger Übung spürte ich die Aufladung aller Energiezentren. Meine Gedanken wurden klar, und ich konnte die Energie für jede von mir erwünschte Möglichkeit nutzen. In meiner Umgebung setze ich den Bergkristall zur Reinigung und zur Verbesserung von negativen Strahlungen ein.

Der *Rohdiamant* erleuchtete durch seine verborgene Brillanz meine Seele und erhellte meine Gedanken und Gefühle. Ein Energiepotenzial für Körper und Geist. Er erweckt ein Gefühl von ewiger Schönheit.

Der *Fluorit* erinnerte mich an Engelshaar und Harfen, als würde er Märchen aus Kindertagen erzählen und mir dabei liebevoll über den Kopf streichen. Träume unterstützt er positiv, und bei der Meditation ist er hilfreich.

Die *Meteoriten* sind immer eine Hilfe bei Bewusstseinsarbeiten und Begleiter auf der Traumebene. Viele Erfahrungen, die ich über das Scheitelzentrum gemacht habe, lagen bis dahin außerhalb meiner Vorstellungskraft und sind nicht zu beschreiben. Es ist ein Wissen von Grenzenlosigkeit und immerwährendem Leben.

Das langsame Erkennen der Zusammenhänge von bewusstem und unbewusstem Denken, Handeln und Fühlen ließ mich den Lebenssinn verstehen. Bei der Arbeit im Stirn- und Scheitelzentrum erkannte ich auch Zusammenhänge zwischen körperlichen Erkrankungen, Lebenseinstellung und Verhalten. Erkenntnisse in beiden Zentren waren immer mit Bewusstseinsveränderungen verbunden, die auch eine Arbeit im Basiszentrum erforderten, um Standfestigkeit, Selbstbewusstsein und Selbstvertrauen zu stärken.

Hand- und Fußzentren
Bergkristall und *Schneeflockenobsidian*

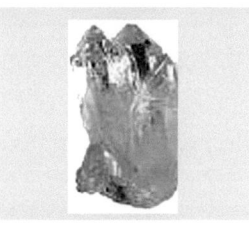

Bergkristall

Für die Handzentren nahm ich, wie mir aus Überlieferungen bekannt war, den Bergkristall als Energieverstärker. Wenn ich für die Fußzentren den Schneeflockenobsidian benutzte, machte ich die Erfahrung, dass er mich sehr am Boden festhielt. Er ist also, wenn es um Bewusstseins-, Traum- oder Astralreisen geht, für mich eher hinderlich. Bei bodenständigen Übungen und kalten Füßen kann er aber eine große Hilfe sein.

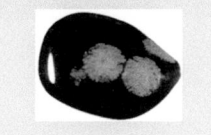

Schneeflockenobsidian

Chakrastärkung

Um ein Energiezentrum mit Edelsteinen zu stärken und aufzuladen, müssen wir herausfinden, wo sich Blockaden festgesetzt haben. Eine Lösung ist das „Erspüren" in der Meditation.

In entspannter Lage legen wir die Edelsteine nach und nach mit der rechten Hand auf das jeweilige Chakra und spüren hinein. Jeder Chakrastein wird für einige Minuten mit der linken Hand bedeckt, der Atem geht ruhig, Gedanken kommen und gehen. Gefühle steigen auf, die von Freude, Glück, Zufriedenheit, Unruhe, Sehnsucht oder Traurigkeit begleitet werden. Sie zeigen uns deutlich, ob Körper und Seele in Einklang schwingen oder welches Chakra Unterstützung benötigt.
Gefühle, die wir erhalten wollen, können wir durch den Bergkristall unterstützen und verstärken; die Gefühle, die wir ablegen möchten, beginnen immer in der Basis, wo Kraft, Selbstvertrauen und Selbstbewusstsein geboren werden. Deshalb sollte zum gewählten Chakrastein der Basisstein genauso dazugehören wie das Blatt zum Baum. Die ausgewählten Steine sind bis zur Lösung der Blockaden tägliche Begleiter. Wenn es nicht möglich ist, die einzelnen Blockaden aufzuspüren, sollte die Meditation täglich wiederholt werden, damit alle sieben Energiezentren mit Hilfe der Edelsteine aktiviert und aufgeladen werden, um neue Energie zu schöpfen.

FARBEN, DIE SICH IN DER WIRKUNG ZU DEN EDELSTEINFARBENERGIEN UNTERSCHEIDEN

Dunkellila:
Farbbedeutung: Ausdrucksschwäche, Starre
Dunkellila bedeutet Ausdrucksschwäche, macht traurig und ist zu schwer für die Seele. Spontaneität wird unterdrückt.

Dunkelblau
Farbbedeutung: Schutz, Abstand, emotionsdämpfend, Grenzen ziehend
Dunkelblau können wir nutzen, wenn wir uns für einige Stunden von der Außenwelt zurückziehen wollen oder Schutz suchen. Menschen, die Grenzen ziehen zwischen Du und Ich, sind meist dunkelblau gekleidet und halten so einen Abstand, den sie auch bewusst oder unbewusst ausstrahlen. Eine Farbe, die dem liebevollen Miteinander hinderlich ist.

Braun
Farbbedeutung: Ruhe, Unbeweglichkeit, Trägheit
Braun ist eine ruhige, zu träge Farbe, um Heiterkeit aufkommen zu lassen. Oft wird sie von Menschen, die Auseinandersetzungen scheuen, getragen.

Grau
Farbbedeutung: Depression, Unzufriedenheit, Ungewissheit
Grau kann Depressionen fördern, vernebelt und trübt das Seelenleben, wenn nicht eine helle Farbe Ausgleich schafft.

Weiß
Farbbedeutung: Potenzial zu allem Neubeginn
Erwachen aus der Dunkelheit, erster Schritt, um Befreiung mit

Farben zu wagen. Weißes Licht enthält zwar alle Farben, aber jede einzelne der Farben hat mehr Energie als reines Weiß.

Schwarz

Farbbedeutung: Antriebslosigkeit, Negativität, Ende, Schlussstrich, Angst, Tod

Schwarz ist Ende und Ausdruckslosigkeit, hat keine positive Energie und wird meist vor einem Neuanfang über lange Zeit von Menschen bevorzugt, die sich langsam dem Weg der Wandlung nähern.

Das „kleine Schwarze" hat die Mode hervorgebracht und seine Eleganz ist unbestritten, aber farblich nicht für den täglichen Gebrauch gedacht.

Schwarze Steine bilden hier eine Ausnahme, denn ihre Energie und Schwingung kommt aus der Urkraft der Erde. So ist zum Beispiel der schwarze Turmalin für mich ein sehr wichtiger Schutzstein gworden. Er half mir, negative Einflüsse abzuwenden. Ich denke, dass ein schwarzer Turmalin im Herzen und im Hause eines jeden Steinliebhabers einen festen Platz finden sollte, damit er seine Energie ausstrahlen kann. Als ich den schwarzen Obsidian kennen lernte, erfuhr ich auch etwas über die alte Überlieferung, dass der Obsidian eigene Negativitäten widerspiegelt. Diese Überlieferung kann ich nur bestätigen. Ich arbeitete immer sehr bewusst mit dieser Energie und konnte mit ihr Einblick in meine geheimsten Winkel nehmen, um Veränderungen herbeizuführen. Der Turmalinquarz hat für mich eine ähnliche Energie. Seine schwarzen Turmalinnadeln kamen mir vor, als ob sie Verborgenes anstachen, um es ins Bewusstsein vordringen zu lassen. Dennoch oder gerade deswegen waren diese Erfahrungen eine große Hilfe zur positiven Veränderung. Ein Onyx, der dunkelste Stein der Quarzgrupe, verspricht seinem Träger Kraft und Stärke, um den Weg ins Licht mit Farbe zu beginnen.

Licht, Sonne und Farbe

Die Sonne ist Spenderin des Lichts und der Farbe. Sie ist Urquell allen Lebens und Bedingung allen Seins. Als körperliche und geistige Energie zeigt die Natur uns die Vielfalt der Farben, sie verbindet beide zu einer Einheit.

Die geistige Energie sehen wir als Farbstrahl im Regenbogen, die körperliche in Pflanzen und Lebewesen. Mensch und Natur sind von einer farbigen Aura umgeben, die durch die Kirlianfotografie sichtbar gemacht werden kann. Die durchlässige Haut und die Muskulatur kann ihre Schwingung und die der Sonne noch vor der Geburt in uns wirken lassen.

Bei der Kirlianfotografie wird das Bild mit einem Gerät aufgenommen, dass ein russisches Ehepaar mit Namen Kirlian entwickelte. Hier werden keine wirklichen Fotos gemacht, sondern Energien an den Meridianen der Finger und Zehen werden als strahlende leuchtende Erscheinung sichtbar. Nach der Chinesischen Medizin beginnen und enden hier die Meridiane in Verbindung mit den inneren Organen. Für geübte Kirlian-Fotografen, meist sind es Heilpraktiker, ist nach Farb- oder Edelsteinbehandlung deutlich der Erfolg als sichtbar gemachtes positives Ergebnis erkennbar.

Meine erste Kirlianfotografie habe ich lange bevor ich mit Edelsteinen und Farben gearbeitet habe auf Teneriffa bei Herrn Krone machen lassen:

Hände

Füße

Was aber ist Farbe?

Mit dieser Frage haben sich viele Philosophen wie Pythagoras, Plato und Aristoteles schon seit 500 v. Chr. beschäftigt. Erst Isaac Newton entdeckte um 1680, dass das Sonnenlicht, obwohl es weiß erscheint, doch aus einer Mischung von Farben besteht. Er teilte das Sonnenlicht auf, indem er es durch ein Prisma schickte und fand die sieben Farben des Regenbogens. In der Natur erscheint uns der Regenbogen im Sonnenlicht, wenn die Luft sehr feucht ist. Die Wasserpartikel in der Luft dienen als Prisma und brechen das Licht, wodurch wir es als farbigen Regenbogen sehen.

Goethe (1749 - 1832), der seine Farbenlehre als sein Lebenswerk ansah, bekämpfte Newton auf das Schärfste, denn er ging von sechs Farben aus: Drei Farben, die er als Grundfarben, primäre oder reine Farben bezeichnete, also Farben erster Ordnung und drei sekundäre oder Farben zweiter Ordnung, die sich nach seiner Lehre aus der Mischung der Grundfarben ergeben.

Der Farbkreis

Rot, Gelb und Blau ergeben:
Rot und Gelb = Orange
Blau und Rot = Violett
Gelb und Blau = Grün

Goethe stellte seine Farbforschung höher als die Dichtkunst. Er beschäftigte sich intensiv und erfolgreich mit Farben und deren Wirkung auf die Psyche als Heilung für den Körper. Seine Liebe zu edlen Steinen konnte er hier gut integrieren. Für ihn war der Bergkristall der Stein der Vollendung. Für mich war Goethes Wissen Ansporn zu immer neuen Versuchen mit Farben und Edelsteinen.

Farbe ist Leben

Farbe ist überall. Ihre Schwingung nehmen wir schon vor dem ersten Atemzug wahr.

Ein Leben ohne Farben ist für uns unvorstellbar, unmöglich, dennoch machen wir uns wenig Gedanken über ihre Wirkungen auf unseren Körper und Geist. Für unsere Seele können sie, richtig eingesetzt, nicht nur Labsal sein, sondern auch wesentlich zur Unterstützung unseres Wohlbefindens beitragen. Sie heben die Stimmung an oder dämpfen sie, je nachdem, wie wir die Farben einsetzen. Wir entscheiden mit ihrer Hilfe über Lust oder Unlust, über Antriebskraft oder Ruhe und Schlaf.

Das Erwachen des Frühlings, die grünen Wiesen, die ersten bunten Blumen, wie wir sie genießen. Wie sie uns beglücken.

Wir atmen durch. Im Sommer ist uns die Farbenpracht des Frühlings schon selbstverständlich geworden, kaum nehmen wir uns Zeit, den bunten Herbst, das Wechselspiel der Natur bewusst zu erleben, doch im Winter, wenn uns nur wenig Farbe in der Natur begegnet, warten wir voller Sehnsucht auf den Frühling.

Wir haben Sehnsucht nach Farben.

MEINE ERFAHRUNGEN MIT DEN WIRKUNGSWEISEN VON EDELSTEINEN UND FARBEN

Kunden- und Eigenerfahrung:
Die mit **E** und **K** bezeichneten Steine kennzeichnen **E** = **eigene Erfahrungen** und **K** = **Kundenerfahrungen**, die mit Überlieferungen auf körperlicher oder geistiger Ebene ganz oder teilweise identisch sind.

Achat – bunt – Schutz
Mit seiner Vielfalt an Farben lehrt er uns, sensibler im Umgang mit unseren Mitmenschen zu werden und gibt Kraft für neue Erkenntnisse und neues Leben. Er soll vor Sucht schützen und ist Helfer bei allerlei Gefahren.
(E - K)

Amazonit - blaugrün – Ausdruck
Schmerzen im Hals und in den Schultern bis hin zum Rücken linderte der Amazonit mit seiner nervenstärkenden Wirkung.
In der grünen Farbe galt er als heiligster Stein im alten Ägypten.
(E - K)

Amethyst - violett – Wandlung
Er führt in die geistige Welt und gibt uns Kraft zur Problemlösung.
Migräne, Kopfschmerzen und Hysterie soll der Amethyst vertreiben, der Stütze

und Helfer bei Suchtgefahr und Ängsten.
ist. (E - K)

Ametrin - violett - gelb – Harmonie
Ein Quarz, der zwei Farben in einer
Einheit wachsen lässt. Das Gelb des
Citrin und das Violett des Amethyst
verschmelzen in Harmonie und symbo-
lisieren das liebevolle Miteinander.
(E - K)

Apophyllit - weiß - grün – Erholung
Klarer Blick und Einsicht in das Inner-
ste verspricht der Apophyllit. Unbeweglichkeit und Starre soll er auflösen.
Für die Muskulatur und gegen Läh-
mungen ist er mit seinen reinen Energien ein Helfer in der Not.
(K)

Aquamarin - blau – Mystik
Verbindung zur geistigen Welt soll der
durchsichtige Stein herstellen. Der
Sage nach ist er der Stein der Meer-
jungfrauen, und er verspricht glückli-
che Heimkehr für Seeleute.
Das Halschakra wird in seiner ganzen
Bandbreite aktiviert, Schilddrüse,
Stirnhöhle, Kehlkopf, Nase und Ohren
bekommen neue Energie. Bei Neuralgien und im Bereich der Lymphdrüsen
soll er eine zuverlässige Hilfe sein.
(E - K)

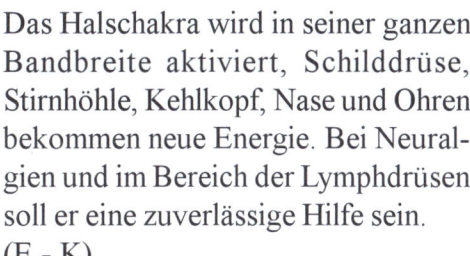

Aventurin - grün – Ruhe
Ein Stein der Herzenergie, der Ruhe, Stille und Besinnlichkeit vermittelt. Er ist geeignet bei Allergien, Hautkrankheiten und Schuppenflechte.
Dass seine Energien den gesamten Organismus beleben, ist eine alte Weisheit.
(E - K)

Azurit - blau – Intuition
Stein für inneres Wissen und Weisheit. Das Gedächtnis soll durch den intensiv leuchtenden Azurit aktiviert werden, er hilft, die Gedanken zu sammeln und kann bei Konzentrationsschwäche hilfreich sein.
(E)

Bergkristall - weiß – Vollendung
Er ist für die Indianer der heiligste Stein und verspricht Klarheit und Reinheit nicht nur auf der psychischen Ebene. Er strahlt seine Wirkung auf das gesamte Energiesystem ab und löst Blockaden auf. Besonders hilfreich ist er bei Verbrennung, Hautausschlag, Stichen und Wunden.
(E - K)

Bernstein - braun - gelb –Trost
Er schenkt uns inneren Frieden und Freude und kann die geistige Entwicklung fördern. Als Helfer beim kindlichen Zahnen

ist er bekannt, bei Bronchitis, Ohren -
und Drüsenerkrankungen ist der Bernstein genauso hilfreich wie bei Gicht
und Arthrose.
(K)

Calcit - orange – Wärme
Streben nach geistiger Verbindung und
Abstand von materiellen Dingen soll er
uns lehren. Positiven Einfluss hat der
Calcit auf den Knochenbau, auf
Muskelerkrankungen und Diabetes.
Seine Hilfe bietet er auch im Magen,
Darm und Herzbereich an.
(K)

Calcit - gelb – Freude
Der gelbe Calcit entspannt die Nerven,
wirkt positiv auf Drüsen und Verdauung.
Ausgleich und Stille schafft er im Solarplexus und im Herzen.
(E - K)

Chalcedon - blau – Freiheit
Körperlich und geistig verleiht er seinem Träger Kraft und Ausdruck.
Hilfe für Hals und Kehlkopf, das ist seine Aufgabe, die er auch bei Mandel-
entzündungen, Schilddrüsenerkran-
kung und Störungen im Gehörgang
schnell und erfolgreich erfüllt. Die Legende sagt, dass der Chalcedon für

Redner und Sänger eine große Unterstützung für die Stimmbänder ist.
(E - K)

Chrysokoll - blau - grau – Verstand
Nackenschmerzen und Nervenschmer-
zen im Halsbereich sowie Erkrankungen
im Hormonhaushalt soll der Chrysokoll
durch seine Energie und Leuchtkraft beseitigen. (K)

Chrysopras - grün – Harmonie
Mit seiner zarten Schwingung der Lie-
be lehrt er uns Toleranz und Nachsicht.
Für mich ist er Helfer in allen Lebens-
lagen. Er soll die Herzmuskulatur und
Herzkranzgefäße stärken, aber auch
vorbeugend gegen sich abzeichnenden
Herzinfarkt und Arterienverkalkung
wirken.
(E)

Citrin- gelb – Wahrheit
Der Citrin soll Großes leisten bei vie-
len Krankheiten, z.B. Diabetes, Leber-
und Gallenerkrankungen, Verstopfung,
Stoffwechselstörung und bei Rast- und
Ruhelosigkeit. Er steht für Weisheit,
Freude und Klärung.
(K)

Dendritenquarz - blau – Freude
Der Dendritenquarz, auch Mückenstein genannt, bringt schon durch sein Aussehen Freude ins Spiel und sorgt so für Ausgewogenheit.
Er soll vor Albträumen schützen und die Selbstheilungskräfte wecken.
(E - K)

Brillant - weiß – Erleuchtung
Große Veränderungen, Entwicklung und inneres Wachstum soll der Diamant unterstützen. Blockaden können durch den Diamanten schnell beseitigt werden, da er alle Chakren aktiviert und Reinigung für Körper und Geist verspricht.
(E - K)
Anmerkung: Der Brillant ist ein geschliffener Diamant und hat in der runden Form 56 Facetten.

Dioptas - grün – Fülle
Liebe zu uns selbst hilft uns der Dioptas zu entdecken, um geistige Verkrampfung aufzulösen und den gesamten Organismus zu beleben. Wohlstand und Erfüllung soll er seinem Besitzer bringen. Glück und Freude vermittelt er durch sein strahlendes Grün. (E)

Feueropal - orange – Gelassenheit
Das Verdauungssystem wird angeregt, die Geschlechtsorgane werden aktiviert

und der Kreislauf stabilisiert. Durch das Feuer des Steines werden besinnliche Stunden zu zweit versprochen. Sein Feuer trägt zur geistigen Reinigung bei und vermittelt Klarheit. (K)

Fluorit – Bewusstseinserweiterung – Sanftmut

Er ist eine besonders zarte Hilfe bei Energiestau und Konzentrationsschwäche, der auch die Gehirnströme aktivieren soll. Zur Reinigung des Körpers ist er genauso hilfreich wie bei Energiestau, Gefäßablagerung und Verkalkung. Er regt zum Träumen an und fördert geheime Wünsche an die Oberfläche.
(K)

Granat - rot – Sicherheit

Schon Aristoteles schrieb dem Granat Schutz vor bösen Träumen zu. Im Talmud wird erzählt, dass Noahs Arche von einem einzigen großen Granat erleuchtet wurde. Bei niedrigem Blutdruck, Kreislaufschwäche, Arthritis, Gedächtnisschwäche und Depression soll er Wunder wirken.
(K)

Hämatit - grau - rot – Vitalität
Hämatites-Blutstein, wurde er schon 315 v. Chr. genannt. Goethe wurde durch den Blutstein zu neuen Werken inspiriert.

Seinem Träger sollte er Mut, Willens-
kraft und Ausdauer verleihen. Ein Stein,
der bei Leber-, Nieren- und Krankheiten der Milz große Hilfe leistet. Vitalität und Körperwärme bringt er kraftvoll zum Ausdruck. Schon im Altertum
wurde der Hämatit zu Pulver gemah-
len und bei niedrigem Blutdruck ver-
abreicht.

(E - K)

Herkimer - weiß
Wegen seiner Facetten sieht er dem
Diamanten ein wenig ähnlich, weshalb
er auch Herkimer-Diamant genannt
wird, obwohl er ein Quarzkristall ist.
Offenbar eine Laune der Natur. Als
guter Geist wirkt er in nächtlichen
Träumen und stärkt am Tag die Sinne.
Er schafft ideale Voraussetzungen zur
Entfaltung hellseherischer Fähigkeiten.
Er soll von Urängsten befreien.

(K)

Heliotrop - grün- rot
Eine Legende sagt, der Heliotrop soll sei-
nen Träger durch Abwendung von der
Sonne unsichtbar machen. Die roten
Punkte im undurchsichtigen grünen Stein
wurden lange Zeit als die Blutstropfen
Jesu interpretiert.

Einige meiner Kunden nutzten ihn, um bei kranken Tieren zur Heilung beizutragen.
(K)

Iolith - blau – Beistand
Ein Stein der Stille, der Magen, Darm und die Verdauung aktiviert, aber auch bei Blähungen und Sodbrennen eine schnelle Hilfe ist.
(K)

Jade - grün – Leben
Ein Stein, der uns im Traum mit geistigen Führern verbindet. Ein Helfer bei Migräne, Neuralgien, Ohrenschmerzen und Koliken. Glück und langes Leben soll dem Jadeträger hold sein.
Für jedermann ein Schutzstein. Als Geschenk ein Stück des Herzens.
(E - K)

Jaspis - gelb – Gesundheit
Bauchspeicheldrüse, Leber und Galle sollen angeregt werden, der gelbe Jaspis ist auch empfehlenswert bei Verdauungsstörungen und Magenbeschwerden. Er stärkt liebevoll den Solarplexus.
(K)

Jaspis - rot – Standfestigkeit
Erdverbundenheit und Wachstum wer-

den in alten Überlieferungen bescheinigt. Der Stein der Erde, der Basis, ist ein hilfreicher Begleiter bei Depressionen und Antriebslosigkeit.

Er stärkt das Selbstvertrauen, verspricht Heilung und Aufbau im Bereich der Blase und der Prostata sowie Hilfe in der Schwangerschaft.
(K)

Karneol - orange – Befreiung
Aktivität und Vitalität sind seine Stärken. Häufig ist der Karneol einzusetzen, und schneller Erfolg wird ihm nachgesagt bei Blasen-, Darm-, Rheuma- und Nierenleiden.

Er verstärkt die Sexualität, die Verdauung und beseitigt Energieblockaden.
(K)

Die Koralle symbolisiert Mut und Tapferkeit, die der Korallenfischer sicher brauchte, um die Koralle aus den Tiefen des Meeres zu holen.

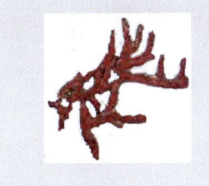

Heute sollten wir in Anbetracht der viel zu großen Ausbeute auf diese „Meerestierfrüchte" verzichten und unseren Mut und unsere Tapferkeit mit Hilfe anderer Steine erlangen.

Kunzit – selbstlose Liebe
Wie ein Hauch dringt seine Energie in unser Herz, wo er neue Kraft und Liebe

spendet. Er spendet uns die Kraft zum Verzeihen. Hilfe leistet er auch bei Energiestau und Verspannung.
(E - K)

Labradorit - blau – Sinnlichkeit
Ein Lehrer des göttlichen Lichts, der geistige Anlagen unterstützen kann. Hilfe bei Knochenkrankheiten, Gicht und Rheuma wurden dem Labradorit nachgesagt.
Er stärkt die Abwehrkräfte und wirkt lymphreinigend. Sein Schillern soll sich auf den Menschen übertragen.

Lapislazuli - blau – Hellsehen
Ein Stein, der nicht nur durch sein tiefes Blau viele Wunden lindern soll, sondern auch bei Schwellungen, Zahnfleischentzündung, Lungenentzündung, Krämpfen und Ausschlag seine große Hilfe anbietet.
(E - K)

Malachit - grün – Toleranz
Er ist ein stiller Helfer bei der Arbeit mit dem Herzchakra. Schnelle Hilfe bringt der Malachit bei Herzbeschwerden, Koliken, Prellungen, Bluthochdruck, Augenleiden und Menstruationsbeschwerden. Sein kräftiges Grün vertreibt Wut und Zorn.
(K)

Meteoriten - grün - schwarz –
Erkenntnis

Sie helfen, Verbindungen zwischen Vergangenheit, Gegenwart und Zukunft zu schaffen. Erfolge bei Allergien gegen Metall, Pollen, Chemikalien und Lebensmittel werden ihnen nachgesagt. Ihre Wirkung soll auch den Hautalterungsprozess bremsen und die Vorstellungskraft anregen.
(E- K)

Morganit - rosa – Zauberspiegel

Sehr still und leise klärt der Morganit die Gedanken. Er stärkt sanft die Herzenergie.
(E - K)

Mondstein - weiß - blau –
Zärtlichkeit

Weichheit und Weiblichkeit sind seine Stärken. Reinigung und Harmonisierung der Lymphwege und Drüsen verspricht der mystische Mondstein genauso wie die Harmonisierung des Hormonhaushaltes.
(K)

Obsidian - schwarz – Lernen

Ein Stein der Realität und Erkenntnis ist der Obsidian, der unsere eigenen negativen Seiten aufzeigt und so der erste Schritt zur Heilung und Wandlung ist. (E)

Olivin - grün – Verstehen
Auch als Peridot oder Chrysolith bekannt, schmückte er schon den Brust-
schild von Moses. Allerdings glaubte
man damals fälschlicherweise, es sei ein
Topas.

Verdauungsstörungen, Prostata, Magenbeschwerden, Gicht, Arthritis, Rheuma
und Herzgefäßstörungen soll der Olivin
auf sanfte Weise heilen.
(K)

Opal - weiß – vielfarbig – Wahrheit
Im Altertum nahm man an, dass jede Farbe im Opal eine Tugend verkörpere. Er
vereinigt die Farben des Regenbogens
und reflektiert sie für uns auf seinem
weißen Untergrund. Er soll alle positi-

ven Eigenschaften verstärken und seinem
Träger Hilfestellung bei negativen Ereig-
nissen leisten. In Indien als Stein der
Götter geheiligt.
(E)

Prehnit - grün - braun – Hoffnung
Dieser Stein wurde am Kap der Guten
Hoffnung gefunden, so steht er für ho-
hes Alter und langes Leben. Die Gedanken soll er klären und Ruhe und Harmonie für seinen Träger ausstrahlen. (E -K)

Pyrit - golden – Lösung
Der Pyrit soll böse Geister vertreiben und
seinen Träger beschützen. Durch golde-
nes Glänzen soll er ein intensiver Heilstein bei allen Erkrankungen der Atemwe-
ge sein und den Sauerstoffgehalt im Blut
anreichern. Ängste und Depressionen soll
er genauso schnell wie negative Schwingungen vertreiben.
(K)

Rhodochrosit - rosa – Schutz
Er strahlt Lieblichkeit und Zartheit auf
seinen Träger und spiegelt sie in den
Augen des Betrachters.
Leber, Milz und Bauchspeicheldrüse bekommen neue Energie vom Rhodochrosit, der das Herz kräftigen und schützen soll. (K)

Rhodonit - rosa - schwarz - Tatkraft
Er öffnet feinstoffliche Kanäle, um Him-
mel und Erde zu verbinden. Reinigende
Kräfte soll er für Herz, Lunge und Kreis-
lauf haben, sagt die Legende dem
Rhodonit mit seiner auch knochen-
stärkenden Wirkung nach.
(K)

Rosenquarz - rosa – Selbsterfüllung
Selbsterfüllung, innige Liebe, Herzenswärme und Heilung verletzter Gefühle
verspricht der Rosenquarz.

Er regt sanft den Kreislauf an und stärkt
das Herz.
(E –K)

Rubin - rot – Liebe
Liebevoll vereinigt er Spiritualität und
Sexualität, gibt positive Lebenskraft
und vertreibt Melancholie. Toleranz in
der Partnerschaft soll er fördern und
unterstützen.

Abwehrkraft und Kreislauf werden
durch den Rubin gestärkt.
(E)

Saphir - blau – Treue
Der Träger eines blauen Saphirs soll
vor Liebestollheit, Untreue und Hass
geschützt sein.

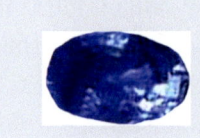

Seine schmerzlindernde Energie ist hilfreich bei Entzündungen und Bluthochdruck. Für Krankheiten der Nase, Ohren, Augen und Nebenhöhle ist er Bal-
sam wegen seiner entspannenden Wirkung.
(K)

**Schneeflockenobsidian - schwarz -
weiß** – Festhalten
Standfestigkeit und Halt sind seine
Stärken. Der Blutkreislauf wird angeregt und der Körper mit Wärme versorgt durch den Schneeflockenobsidian, der seine Wirkung auch auf

Knochenbau und Abwehrkraft unterstützend abstrahlt.
(E- K)

Selenit - weiß – Licht
Der klare Gipskristall stellt uns seine sanfte Schwingung zur Verfügung, um Licht in unsere Seele und Gedanken zu lassen und Freude in unser Herz zu senden. Er fördert spirituelle Erkenntnisse und bringt Körper und Geist in Einklang.
(E - K)

Smaragd - grün – Hoffnung
Mit Schutz gegen Versuchung und Verführung, bringt er die wahre Liebe ins Herz. Das Sehvermögen soll er stärken, bei Kopfschmerzen hilfreich sein und den Bluthochdruck normalisieren.
(E - K)

Sodalith - blau – Selbstvertrauen
Er kann Verstand und Gefühl liebevoll vereinen. Auf das Nerven- und Stoffwechselsystem hat der Sodalith eine positive Ausstrahlung.
(K)

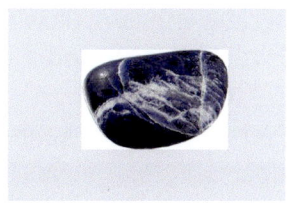

Speckstein - grün - grau – Ebenheit
In seiner Weichheit glättet der Speckstein nicht nur die Haut, sondern auch Wellen und Wogen der Seele. Er wurde früher

gegen Hautprobleme und Ekzeme genutzt.
(K)

Spinell – Hilfe
Im Reinzustand **farblos** durch Einschlüsse **rot, blau**, durch Eisen **bräunlich** und **schwarz**.

Er ist Helfer in der Not und allen Lebenslagen und verspricht seine Hilfe bei
Neuralgien, Drüsen-, Muskel- und Nervenkrankheiten. (E - K)

Sugilith - violett – Selbstheilung
Mit seiner zarten violetten Farbe gibt
er Trost und Beistand bei Immun-
schwäche und raumfordernden Prozes-

sen. Er weckt die Selbstheilungskräfte
und steigert den Lebenswillen.
(K)

Tigerauge - gelb - braun – Einheit
Er möchte uns durch seine dunkle Ma-
serung erinnern, dass wir nie ganz den
Boden unter unseren Füßen verlieren

sollten.
Nervenstärkend kann das Tigerauge
über den Solarplexus bei Leber-, Nie-
ren- und Gallenerkrankungen hilfreich
sein. Auch bei Allergie und Übelkeit ist
er eine große Hilfe.
(E - K)

Turmalin - blau – Neugestaltung
Er stellt das Gleichgewicht der Aura
wieder her und bringt Energien in
Einklang.

Sinnestrübung und Sinnestäuschung
soll der blaue Turrnalin fernhalten,
aber er soll auch bei Entzündungen,
Schilddrüsenerkrankungen und Hirn-
hautentzündungen heilsam wirken.
Die Thymusdrüse wird durch ihn angeregt und das Nervensystem gestärkt.
(K)

Turmalin - gelb – Aufhellung
Der Magen-Darmtrakt wird angeregt
und Galle und Leber unterstützt durch
den gelben Turmalin mit seiner sanf-
ten Schwingung.
(K)

Turmalin - grün – Zufriedenheit
Bei Gedächtnisschwäche ist der grüne
Turmalin eine große Hilfe, er unter-
stützt Herz und Blutkreislauf, stärkt
aber auch Venen und Arterien.
(K)

Turmalin - rosa – Loslassen
Er öffnet die Herzen für die Liebe und
Selbstliebe.
Ein Helfer bei Störungen in den Wech-
seljahren und des Kreislaufsystems, der
das Herz öffnet und Ruhe schenkt. (K)

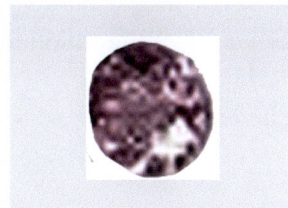

Turmalinquarz - schwarz - weiß –
Veränderung
Er kann alle Wachsturmsprozesse för-
dern und stärken, Geheimnisse ans Licht
bringen und zur Klärung drängen.
Die Legende sagt, die Aura wird gestärkt
und geglättet durch die vom Quarz ein-
gebetteten Turmalinnadeln.
Bei Nervenkrankheiten, Allergien und
Ausschlag ist der Turmalinquarz ein zu-
verlässiger Helfer.
(E-K)

Turmalin - schwarz – Schutz -
Vertrauen
Negatives sollte durch den schwarzen
Turrnalin vom Träger ferngehalten
werden. Blockaden, Zorn, Ärger und
Eifersucht sollen verschwinden. Eine
entgiftende Wirkung auf den ganzen
Körper wird ihm nachgesagt.
(E)

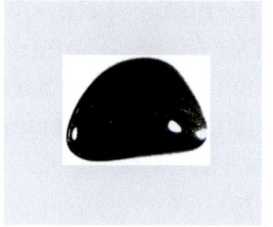

Türkis - blau - grün – Schönheit
Er soll die Sinne stärken und unsere in-
nere Schönheit widerspiegeln.
Als Schutzstein und als Heiler für Hals
und Kehlkopf ist der Türkis bekannt.
Seine Wirkung reicht über das gesamte
Kehlkopfchakra.
(E- K)

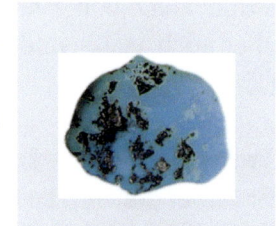

Verdit - grün – Wachstum
In seiner grün-braunen Ausführung galt er schon seit Jahrtausenden als intensiver Heilstein bei verschlossenem Erinnerungsvermögen und Gedächtnisschwäche.
Seine geheimnisvolle Maserung regt zum Nachdenken an.
(K)

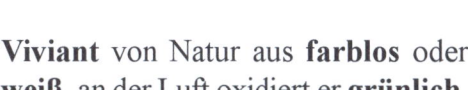

Viviant von Natur aus **farblos** oder **weiß**, an der Luft oxidiert er **grünlich**.

Viviant - blaugrün – Geduld
Die Schönheit kommt in seiner dunkelsten Farbe erst voll zur Geltung, sein Glanz regt zum Träumen und Verweilen an. Bei allen Mund- und Zahnleiden soll er eine Hilf sein.
(K)

Zoisit - grün - Wandlung
Schöpferische Ideen unterstützt der Zoisit.
Er soll entgiftend wirken und die Fruchtbarkeit fördern.

Alle Edelsteine, auch die hier nicht erwähnten, liebe ich gleichermaßen, doch denke ich, dass es nicht möglich ist, mit all den Edelsteinschätzen dieser Erde Verbindung aufzunehmen.

FARBEN

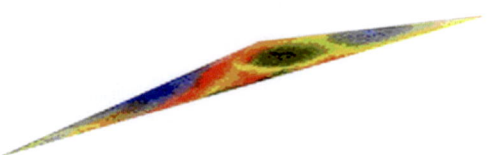

Wir haben viele Möglichkeiten, Farbenergien aufzunehmen, nachdem wir durch erste Anregungen unser Bewusstsein darauf eingestellt haben. Wenn wir beginnen, uns mit ihrer Schwingung zu umgeben, können wir sie erspüren und fühlen. Ich bekam die erste Anregung, meinen Körper und meine Seele durch Farben zu heilen, auf einem Gesundheitsseminar. Damals fühlte ich mich in den Farben Schwarz und Weiß besonders elegant und stand der Farbtherapie sehr skeptisch gegenüber.

Dennoch wollte ich einen Versuch starten, um zu verstehen. Ich erinnere mich, dass ich meinen einzigen roten Pullover immer dann anzog, wenn ich mich besonders müde und schlapp fühlte.

Jetzt erkannte ich den Zusammenhang und war froh, dass meine Intuition hier die richtige Entscheidung traf. Ich verstand jetzt, weshalb ich mich oft zu Farben, die ich nie trug, hingezogen fühlte und begriff den „Farbhunger" meiner Seele.

Ich begann, die Farben zu wählen, deren Energie ich für meine jeweilige Situation und für meine Stimmung als vorteilhaft ansah, und die Wirkung kam prompt und unmittelbar. Der Umgang mit Farben und edlen Steinen veränderte meine Gesundheit, mein Bewusstsein und meine Einstellung zu Mensch und Natur.

So war ich schnell von der Farbwirkung auf Körper und Geist überzeugt und startete viele Versuche mit Edelsteinen und Farben, wobei ich besonders auf meine innere Stimme und meinen Seelenhunger achtete. Wenn es nötig ist, tauche ich seitdem völlig in Farbe ein, denn unsere Gefühle verlangen nach Farbe, um sich ausdrücken und ausleben zu können.

Die grünen Bäume waren plötzlich grüner und die bunten Blumen bunter. Bunte Kleider ließen die Menschen erstrahlen, dunkle Wälder wurden durch Farbe erhellt.
Ich beobachtete mich und die Menschen in meinem Umfeld, um Zusammenhänge von Farben und Stimmungen zu erkennen. Selten traf ich depressive Menschen in bunten Kleidern oder mit Bändern im Haar, sie trugen Grau oder Schwarz! Sie sahen farblich aus, wie sie sich fühlten, und sie fühlten sich, wie sie gekleidet waren! Nur wenige Menschen, die sich bewusst schwarz kleideten, hatten genügend eigene Dynamik, um Ausgleich zu schaffen. Einige suchten, wenn auch unbewusst, durch Salat, Obst und Säfte den „Farbhunger" zu stillen. Ich selbst mottete meine schwarzen Sachen kurzerhand ein.

Auffallend waren die Assoziationen in unseren Köpfen zu den Farben. Mit der Farbe Rot assoziieren wir Dynamik, Stierkampf, Feuer und Sex, je nach persönlicher Einstellung, Ablehnung, Freude oder Angst, die wir mit Erinnerungen verknüpfen. Gelb und Orange werden meist mit Sonne, Sommer, Blumen und Löwe in Verbindung gebracht. Grau steht für Nebel, Mäuse, Regen oder graue Häuser. Schwarz erinnert meist an Tod, Trauer, Eleganz oder Zurückhaltung. Oft verbinden wir die Farben in Gedanken mit einem bestimmten Gegenstand oder einem Gefühl und können mit Hilfe der Farben auch hier auf Körper und Geist durch intensives Begreifen und Verstehen einwirken.

Ich wollte Farben erleben, erspüren und ihre Energie erkennen. Jede neue Farbe auf der Haut verursachte ein ganz bestimmtes Gefühl, in das ich mich hineinbegeben wollte, um diese Schwingung für mich und mein Umfeld positiv zu nutzen.

Die *Rosa-Phase* bescherte mir eine Wohnung vom Fußboden bis zur Decke, über Bettwäsche, Kissen, Handtücher, Rüschen und rosa Schleifen.

Ich genoss es! Rosa ist für mich nicht nur die Farbe der Herzenergie, sondern Liebe und Kuschelfarbe zugleich. Dass ich einige Rosenquarze in meinen Räumen habe, ist selbstverständlich.

Rot machte mich nicht nur munter, auch meine Schultern richteten sich auf, und mein Gang wurde selbstbewusster. Dennoch war Rot keine Energie, die ich täglich auf meiner Haut spüren wollte. Rot war mir zu laut und zu kräftig. Als Heilfarbe aber half sie in Form von Bestrahlungen, Müdigkeit und Trägheit verschwanden. Rote Socken machen warme Füße, und selbst ein roter Schal wirkte Wunder gegen Trübsal. Ein roter Jaspis war immer dabei und gab seine Energie ab.

Orange trug ich meist in zarten Tönen, da ich immer darauf bedacht war, die Farbschwingungen auszuleben und die orange Energie und Dynamik sehr intensiv wirkten. Orange wird selten als eine der Lieblingsfarben genannt, und die wenigsten Menschen mögen Orange am Körper tragen. Gerade deshalb möchte ich betonen, dass Orange zum Energieausgleich und -austausch sehr wichtig ist. Kunden, die sich Orange kleideten, waren aufgeschlossen und positiv gestimmt. Beweglichkeit von Körper und Geist benötigt Orange. Ein kleiner Karneol als Taschenstein kann schon Großes bewirken.

Gelb ließ mich die Energie der Sonne und Wärme des Sommers auf meiner Haut spüren. Frohsinn und Heiterkeit machten sich nicht nur bei mir breit. Die Augen öffneten sich. Die gelben Steine haben oft die Leichtigkeit des Sonnenscheins.

Grün gab mir Ruhe und Energie zur Einkehr, die sich in meine Vorstellung von Frieden und Zufriedenheit gut einfügte und sich als Heilenergie besonders nützlich und erfolgreich zeigte. Auf grünen Wiesen machte ich Farbatemübungen für meine Seele, und grüne Edelsteine heilten meine „Wunden", wo immer sie auch auftraten. Als erste Hilfe ist Grün eine schnelle Heilfarbe für mich, da sie Körper und Geist entspannt, das müde Auge erhellt und die Muskulatur entkrampft.

Hellblau machte mich froh und frei, für jedermann zum Gespräch bereit und für Diskussionen offen. Eine Schwingung, die mich ans Fliegen erinnert und durchatmen lässt. Hellblaue Kleidung oder Bestrahlungen können bei jedermann eine Freiheit, die von innen kommt, bewirken.

Dunkelblau zog mich völlig zurück von der Außenwelt. Ich nutzte diese Energie, wenn ich zwischen allen Menschen nur mit mir sein wollte und genoss das Gefühl, "dabei" und doch allein zu sein. Es war ein Gefühl von „heute bitte nicht stören". Ein Zustand der wachen Meditation, ein inneres Sehen und Verstehen vermittelte mir das leuchtende Indigoblau. Beide Farben wirkten heilend bei Entzündungen, Rast- und Ruhelosigkeit. An solchen Tagen waren ein Sodalith oder ein dunkler Lapislazuli meine Begleiter.

Violett hatte für mich eine hellere, angenehme Wirkung und ist besonders als Meditationsfarbe bekannt und im spirituellen Bereich zu empfehlen. Ein Amethyst hilft gern bei der Bewusstseinserweiterung. Im Zusammenspiel mit Rot wurden Körper und Geist zu einer Einheit und ließen das Ganze verstehen.

Dunkellila machte mich innerlich hart, alt und kalt, wenn ich es auf der Haut trug, nur als Farbbestrahlung empfand ich es angenehm. Ein dunkler Amethyst hatte eine zu schwere Wirkung. Im spirituellen Bereich aber bewirkte er Wunder.

Braun ist eine Farbe, die Müdigkeit und Mattigkeit aufkommen ließ, wenn ich keinen Ausgleich durch hellere Farben schaffen konnte. Viel Energie benötigte ich, um in Braun noch fröhlich und ausgelassen zu sein, wenn ich nicht an das farbige "Darunter" dachte. Selbst braune Steine, die sehr heilsam sein können, verfehlten bei mir die positive Wirkung.

Dunkelgrau ließ alle Versuche scheitern, ich konnte es nicht über mich bringen, Dunkelgrau zu tragen, obwohl mir Grau in Kombinationen gut gefällt. Hellgrau gehört zu meinem Farbtyp, aber auch hier tat ich mich schwer und trug es nur in Verbindung mit anderen Farben. Der Grau-Rosa Botswanaachat eroberte aber doch mein Herz.

Weiß enthält als weißes Licht das ganze Farbspektrum. Ich spürte bei meinen Versuchen keine besondere Energie, sondern nur das Gefühl von Sauberkeit und Frische. In Kombination mit anderen Farben spürte ich ein Leuchten, das sich auch auf meine Seele übertrug, so war Weiß eine Hilfe, um den Tag zu erhellen. Weiße Steine und der klare Kristall erfüllten manches Kundenherz mit seiner positiven Energie.

Schwarz ist, wie schon erwähnt, bei mir eingemottet und verstaubt langsam. Hier machen schwarze Steine eine Ausnahme, der schwarze Turmalin wurde ein ständiger Beschützer.

Meine Übungen und Beobachtungen mit allen Farben und Edelsteinen halten an.

Dazu gehört auch, dass ich ab und an das Pendel befrage, wenn meine innere Stimme mir keine Klarheit gibt.

DAS PENDEL

Beim Pendeln ist das Allerwichtigste die Fragestellung und die richtige Haltung. Die Länge der Schnur kann unterschiedlich sein, aber das Ende der Schnur sollte immer in der geschlossenen Hand verbleiben, damit die Energie nicht entweichen kann. Dazu das Pendel zwischen Daumen und Zeigefinger der rechten Hand nehmen und die übrigen Finger schließen.

Der Ellbogen wird auf den Tisch gestützt, um der Hand Halt zu geben. Eine Wollschnur ist nicht geeignet, da die vielen Fasern die Strahlung schwächen. Anfänger sollten immer die passive Pendelmethode, also Fragen die mit ja oder nein beantwortet werden können wählen, damit die Antwort eindeutig ist. Die aktive Pendelmethode ist nur für fortgeschrittene Pendler geeignet. Hier wird nur die Schwingungsart und Zahl gezählt.

Es reicht nicht nur die Frage: „Ist das die Farbe die gut für mich ist?" Das ist zu ungenau. Zuerst muss ein ruhiger Pendelplatz geschaffen werden., ein Platz, in dessen unmittelbarer Nähe keine elektrische Strahlung auftritt (Fernseher usw).

Dann heißt es, den Geist leer machen, danach folgt die eindeutige Fragestellung. Also die Farbe oder den Stein einzeln auf den Tisch, der selbstverständlich gereinigt ist, legen. Gut ist als Unterlage immer ein weißes Blatt Papier. Wenn die Chakren erfragt werden sollen, dann bitte jedes Chakra auf einen Zettel schreiben und dann auch hier die klare Fragestellung: Braucht dieses Chakra gerade jetzt meine Aufmerksamkeit und Energie?

Ich benutze die passive Methode und lege einen Steinkreis aus. Ich pendle über die Steine und erkenne das Ergebnis an der Art der Schwingung.

Ungeübte Pendler stellen Fragen, wie zum Beispiel: „Ist jetzt gerade dieser rote Jaspis (der auf den Tisch liegt) für mich der richtige Stein?"

Die Regel der Schwingungsrichtung ist beim passiven Pendeln im Kreis Linksdrehung = ja, Rechtsdrehung = nein, Wagerecht = ja, Senkrecht = nein. Möglich ist es aber auch, mit dem Pendel die Richtungsanzeige für ein Ja oder Nein vorher abzusprechen, um eine andere Richtung festzulegen. Es ist gut für Anfänger, die Absprache bei häufigem Benutzen des Pendels neu zu erfragen, damit sich keine Routine einschleicht.

Das Pendel sollte als Aufbewahrungsort einen warmen dunklen Platz bekommen und bei häufiger Benutzung immer in Verbindung mit dem Fragesteller bleiben, z.B. in der Rocktasche.

WIRKUNG VON SCHLIFF UND FORM DER EDELSTEINE

Besondere Wirkungsweisen wurden den Edelsteinen durch Wuchs, Schliff und Formen zugesprochen, auch Reinheit und Glanz spielten eine große Rolle

Meine Erfahrung lehrt mich, dass keine bestimmte Form schnelleren Erfolg verspricht und die Reinheit der Edelsteine nicht viel über ihre Energie aussagt. Steine, die für mich Heilsteine, Kraftsteine und liebevolle Begleiter sind, haben die unterschiedlichsten Formen, sie können „rein" oder „unrein", geschliffen oder roh sein, es muss nur mein Stein sein. Die Schwingung des Steines muss sich mit meiner Schwingung vereinen können, um positive Energien zu verstärken.

Rohsteine haben in Wohn - und Arbeitsräumen eine besonders gute Schwingung.

Einender nehme ich gern, um positive Energie in meinen Körper zu lenken. Doppelender können negative Energie auslenken.

Geschliffene Steine dringen durch Glanz und Farbe direkt in meine Seele und üben eine besondere Faszination auf mich aus.

Anmerkung:
Einender sind Steine mit einer Spitze, meist Bergkristalle. Doppelender haben an beiden Enden eine Spitze.

REINHEIT

Die Reinheit der Kristalle bestimmt den Preis auf dem Edelsteinmarkt, für mich gelten andere Regeln bei der Energiearbeit.

Wie bei den Menschen rücken kleine „Unreinheiten" durch die viel größere Energie der Liebe in den Hintergrund. So sind die unreinen oft gerade die Steine, die ich benötige, um zu erkennen, dass „Perfektion" nicht der Schlüssel zum Tor der inneren Zufriedenheit ist. Einschlüsse, die durch Luft, Gas oder Fremdkörper entstehen, machen die Edelsteine und Kristalle oft noch reizvoller und regen meine Fantasie und Träume an.

Dankbar sollten wir die Hilfe der Edelsteine und Farben annehmen, um Blockaden zu beseitigen, jedoch bei körperlichen Beschwerden unbedingt einen Heilpraktiker oder Arzt aufsuchen. Zusammenhänge zu erkennen, ist allerdings der erste Schritt zur ganzheitlichen Heilung.

Farben und Edelsteine sind eine Hilfe zur Erweckung der Selbstheilungskräfte und zur Lösung von Blockaden. Sie ersetzen jedoch keine medizinische Behandlung.

Was aber passiert, wenn der Mensch krank ist?

GESUNDHEIT UND WOHLBEFINDEN

Wenn der Mensch krank ist, sind Blockaden im Körper und in der Seele entstanden. Die Energie kann nicht mehr frei fließen und die Organe können ihre Aufgabe nicht mehr erfüllen. Wenn sie unterversorgt sind und nicht normal arbeiten können, werden lebensnotwendige Stoffe nicht mehr hergestellt, es fehlt das nötige Material.

Jedes Element, alles was zur Erhaltung unseres Lebens, zur Versorgung unseres Körpers nötig ist, hat eine bestimmte Farbschwingung, die wir auch von außen durch unsere Schönheit unterstützen können.
Dass Schönheit von innen kommt, ist nicht neu. Wie ich die Schönheit ganz bewusst auch von außen mit Hilfe von Farben nutzen kann, um mein Inneres zum Strahlen zu bringen, erlernte ich in der Ausbildungszeit als *Ganzheitliche Farb- und Typberaterin*. Der Blick in den Spiegel, das Kompliment der Mitmenschen, tut jeder Seele gut.
Frühling, Sommer, Herbst und Winter werden je nach Hauttyp, Haarfarbe und vielen anderen Merkmalen dem Interessenten zugeordnet, um sein Aussehen durch die am besten zu seinem Typ passenden Farben zu unterstreichen. Die Gesichtszüge werden weicher, kleine „Unreinheiten" verschwinden, und die Schönheit kann sich voll entfalten. Mit Farbe verändert sich nicht nur unser Gesichtsausdruck, sondern auch unser Körper, unsere innere und äußere Haltung stellt sich auf die gewählte Farbe ein.
Deshalb sollten wir bei der Unterstützung unserer Schönheit nie den inneren Seelenhunger vergessen, der durch die richtige Farbe nach außen strahlt und bei einer ganzheitlichen Farbberatung zur Gesundung an erster Stelle stehen muss.
Auch hier sollten wir ansetzen und versuchen, durch Farben innere Hilfestellung zu leisten.

Viele Krankheiten sind erkannt und die Schädigung der Organe analysiert worden, doch die Ursachen sind nicht immer festzustellen.
Auch die Medizin kennt und beachtet die Zusammenhänge von körperlichen Krankheiten und der Psyche immer mehr. Ein Beispiel sind die psychosomatischen Krankheiten.

Hippokrates hat mit der Lehre von den vier Körpersäften den diagnostischen Anfang gemacht. Er setzte diese in Verbindung mit den vier Elementen Wasser, Feuer, Luft und Erde und ordnete ihnen je eine Farbe zu. Die Diagnose wurde anhand der Haut- und Augenfarbe erstellt.
Aristoteles stellte die Lehre von den vier Qualitäten trocken, feucht, warm und kalt auf.
Noch heute spricht man von den *vier Temperamenten* Rot und Blau, Gelb und Grün. Diese Zuordnungen sind wohl von den Lehren der Temperamente des griechisch-römischen Arztes Claudius Galenus abgeleitet.

Blau ist der Melancholiker. Er ist energiearm, gefühlsbetont, hilfsbereit und treu.

Rot ist der Choleriker. Er ist immer in Bewegung, begeisterungsfähig und mitreißend.

Gelb ist der Sanguiniker. Er ist ein Stimmungsschwankungen unterworfener, gefühlvoller Mensch mit vielen positiven Eigenschaften.

Grün in der dunkelsten Farbe zeigt den Phlegmatiker. Er ist ein bequemer, unbeweglicher, erdgebundener und vorteilssuchender Mensch.

Melancholie – schwarze Galle
Cholee – gelbe Galle
Sanguis – Blut
Phlegma – Schleim

Über die Farbtherapie haben viele große Männer geschrieben, und es lohnt sich, in ihren Büchern nachzuschlagen. Die Erfolge, Erfahrungen und Zusammenhänge sind so verblüffend, dass sie geradezu nach eigenen Versuchen verlangen, Versuche, die auch vor roten Socken oder farbiger Unterwäsche nicht Halt machen sollten.

Wenn wir nun mit eigenen Versuchen beginnen und Farben sinnvoll nutzen wollen, ist es notwendig, sich mit der Bedeutung und den Einsatzmöglichkeiten von Licht und Farben vertraut zu machen.

Forschungen haben gezeigt, dass blinde oder farbenblinde Menschen vermehrte Farbenergie aufnehmen können und so einen Ausgleich schaffen. Sie können Farben unterschiedlich wahrnehmen.
Wir alle brauchen Licht, Sonne und Farbe, denn alles was lebt, braucht Energie und gibt Energie ab.

Die Energie, die wir zum Leben brauchen, nehmen wir nicht nur durch das Essen, Trinken, die Edelsteine oder durch die farbige Kleidung auf, sondern auch aus den elektromagnetischen Strahlen der Sonne und anderen, unsichtbaren Kräften im galaktischen Raum.

Es gibt Energien, die durch nichts ersetzbar sind und zum Leben, zur Gesundheit beitragen. Allein der Einfluss des Mondes, dessen Wirkung uns durch die Gezeiten des Meeres bewusst ist, ist Anlass genug, über unbekannte Energie nachzudenken. Wenn wir uns die Pflanzenwelt ansehen, stellen wir fest, dass sie ihre Kraft auch aus den Sonnenstrahlen gewinnt. Sie nimmt die Sonnenstrahlen über die Blätter in sich auf. Danach wandelt sie mit Hilfe der Sonnenenergie das Kohlendioxyd aus der

Luft und die Spurenelemente aus dem Wasser so um, dass sie Bausteine für ihr Wachstum und ihre Fortpflanzung erhält. Auch der Mensch ist vom Sonnenlicht umflutet. Das Licht löst verschiedene chemische Vorgänge im Körper aus und beeinflusst unter anderem die Hormoproduktion, die wiederum das Wachstum fördert. So entsteht ein ständiger Austausch zwischen den inneren Vorgängen und äußeren Energien. Ein ständiges Nehmen und Geben, was beim gesunden Menschen immer im Fluss sein sollte.

Um die Grundschwingung eines Menschen, die sich unter anderem auch aus dem Namen und Geburtsdatum ergibt, zu erkennen, nahm ich in meinen Beratungen auch die Numerologie zur Hilfe. Sie gibt Aufschluss über vorhandene und fehlende Farbschwingungen.

Zur Unterstützung bei körperlichen Erkrankungen, die nie ohne eine kranke Seele einhergehen, benutze ich zusätzlich zu den Edelsteinen, die ich auf den Körper legte, auch eine Farblampe zur Bestrahlung. Die betroffene Körperstelle oder das dazugehörige Energiezentrum kann so den Farbstrahl direkt aufnehmen. Da eine Bestrahlung auf bloßer Haut am wirksamsten ist, bestrahle ich zwischendurch gern die Reflexpunkte an der Hand. Ein Punktstrahler mit Edelsteinspitze eignet sich hier besonders gut, weil die Edelsteinspitze einen intensiven Farbstrahl hat. Das passende ätherische Öl kann in der Duftlampe alle Lösungs- und Entspannungsübungen unterstützen.

SPEKTROCHROM

Farbbestrahlungen und ihre Wirkung
von Rot bis Violett
Nach Darius Dinshah

Rot hilft den Kreislauf anzuregen, wodurch die Leistungsfähigkeit des Körpers gesteigert wird. Die Sinnesorgane sollen durch die Aktivierung des sensorischen Nervensystems besonders feinfühlig und sensibel werden.

Orange regt die Magentätigkeit und den Verdauungsvorgang an. Für die Lunge und Atmungsfähigkeit ist Orange genauso wichtig wie zur Anregung der Muskulatur und zur Unterstützung bei Calciummangel. Sexualität und Sinnlichkeit werden gesteigert.

Gelb ist eine Farbe, die Gallen- und Lebertätigkeit anregt und so Entgiftungsprozesse fördert. Das vegetative Nervensystem wird angeregt und der Lymphfluss gesteigert.

Grün löst Blockaden auf und hilft bei entzündlichen Leiden. Die Drüsentätigkeit wird angeregt und die Sauerstoffaufnahme gefördert. Zur Entspannung der Augen und zur Linderung von Hautallergien ist Grün die geeignete Farbe.

Hellblau lindert Halsschmerzen und beruhigt die Stimmbänder. Die Schilddrüse wird entlastet und die Atmung freier.

Dunkelblau soll das Fieber und den Blutdruck senken. Entzündungen, die im Mund- und Kieferbereich auftreten, werden gelindert und gehen zurück. Der Schlaf wird ruhiger, und Verkrampfungen können sich durch Dunkelblau lösen.

Violett fördert die Gehirntätigkeit und steigert über die Leukozytenbildung die Abwehrkraft. Violett eignet sich hervorragend zur Reinigung von Körper und Geist. Zwei weitere Elemente der Farben werden erfolgreich angewandt, es sind die Wachstums- und Hemmungsstrahlen.

WACHSTUMS- UND HEMMUNGSSTRAHLEN

Wachstums- und Hemmungsstrahlen wirken nach dem Resonanzprinzip und können elektromagnetische Felder oder die Aura anregen und ergänzen.

Wachstumsstrahlen

Rot, Gelb, Orange und *Gelbgrün* sollen bei Appetitlosigkeit, Ausschlag, Bronchialkatarrh, Darmerkrankung, Gelbsucht, Flechten, Gemütserkrankungen, Hautleiden, Leberleiden und Rheuma helfen.

Hemmungsstrahlen

Blau, Blauviolett, Blaugrün bieten ihre Hilfe an bei Arterienverkalkung, Blasenkatarrh, Fettsucht, Gelenkentzündung, Gicht, Herzleiden, Kopfschmerzen, Nervenentzündung, Ohrenleiden und Schnupfen.

Schnelle Hilfe

Eine einfache und erfolgreiche Regel für mich bei seelischen oder körperlichen Blockaden ist das Prinzip der Gegensätze.

Gegensätze:

Entzündungen sind **rot.**
Kontrast ist **blau,**
der passende Stein ist der **Lapislazuli.**
Rastlosigkeit ist **rot.**
Kontrast ist **blau-grün,**
der passende Stein ist der **Sodalith** oder der **Malachit.**
Traurigkeit ist **grau.**
Kontrast ist **gelb,**
die passenden Steine sind **Citrin** oder **Bernstein.**
Angst ist **schwarz.**
Kontrast ist **rot** oder **hellblau,**
die passenden Steine sind **Jaspis** oder **Granat.**

Anmerkung:
Grün ist immer dann einzusetzen, wenn Körper und Geist nach Stille verlangen.

Hier einige hilfreiche Begleiter

Bei Unruhe ein *Aventurin* oder *Sodalith.*
Bei mangelndem Selbstvertrauen ein *Jaspis rot* oder *Karneol.*
Bei Traurigkeit *Citrin* oder *Rosenquarz.* Bei Sehnsucht
Dioptas oder *Rubin.*

FARBEN, STEINE UND DUFTÖLE
ZUR ENTSPANNUNG UND MEDITATION

Amethyst
Iriswurzel-Entspannung
Himmel und Erde vereinen sich

Achat
Oregano, Zimt
stärkend und zentrierend

Amazonit
Zypresse, Wacholder
belebend und rein

Bernstein
Vanille, Sandelholz
würzig und sinnlich

Chalcedon
Minze, Citronella, Lemongras
Frische und Kühle

Granat
Ylang Ylang, Jasmin
blumig und erotisch

Karneol
Orange, Mandarine
fruchtig und warm

Lavendelquarz
Lavendel, Lavandin, Melisse
Freiheit und Leichtigkeit

Rosenquarz
Geranie und Rose
rosig und blumig

Zitronenchrysopras
Zitrone, Bergamotte
beschwingt und heiter

Anmerkung:
Die Düfte sollten rein und ohne Zusätze sein.

STERNZEICHEN

Schon lange vor unserer Zeitrechnung glaubte man an eine Verbindung der Edelsteine zu den Sternzeichen und Planeten. Die Schwingung der Edelsteine sollte Makro- und Mikrokosmos verbinden und Einklang auf allen Ebenen schaffen.
Für die zwölf Sternzeichen wurden die den Planeten zugeordneten Edelsteine und Farben auserwählt, um Schutz, Glück und Gesundheit auf seinen Träger auszustrahlen.

Wassermann 21.1 - 19.2.
Farbe: Blau - Grün
Planet: Uranus
Edelsteine:
Aquamarin, Türkis, Labradorit, Falken-
auge und Amazonit.
Steine, die Luftigkeit und Freiheit
versprechen.

Fische 20.2. - 20.3.
Farbe: Violett - Blau - Opalfarbe
Planet: Neptun

Edelsteine:
Amethyst - Saphir - Opal und Mondstein.
Steine, die Spiritualität und Mystik
verstärken.

Widder 21.3. - 20.4.
Farbe: Rot - rötlich
Planet: Mars
Edelsteine:
Rubin, Karneol, Feueropal, Jaspis und
Granat.
Steine der Kraft und Liebe, die auch die
Sexualität fördern.

Stier 21.4. - 20.5.
Farbe: Hellrot - Orange - bräunlich
Planet: Venus
Edelsteine:
Karneol, Rosenquarz, Achat, Zirkon,
Morganit und Kunzit.
Steine, die zarte Liebe und
Herzenswärme unterstützen.

Zwillinge 21.5. - 21.6.
Farbe: Gelb - Orange - grünlich
Planet: Merkur
Edelsteine:
Citrin, Bernstein, Tigerauge, Topas,
Beryll und Olivin.
Steine, die das Gefühlsleben in Einklang
mit dem Ich bringen.

Krebs 22.6. - 22.7.
Farbe: Silber -Weiß - Grün
Planet: Mond
Edelsteine:
Mondstein, Opal, Chrysopras,
Chalcedon, Perle, Jade und Smaragd.
Steine, die einen geheimnisvollen Reiz
auf ihren Träger ausüben und innere Stil-
le schenken.

Löwe 23 .7. - 23.8.
Farbe: Weiß - Gold - Gelb - rötlich
Planet: Sonne
Edelsteine:
Diamant, Bergkristall, Citrin, rosa
Turmalin und Zirkon.
Steine, die durch ihre Klarheit Kraft und
Liebe abstrahlen und das innere
Wachstum fördern.

Jungfrau 24.8. - 23.9.
Farbe: Gelb - Grün
Planet: Merkur
Edelsteine:
Tigerauge, Citrin, Jaspis, Smaragd
und Dioptas.
Steine, die Harmonie und Stille für Kör-
per und Geist verbreiten.

Waage 24.9. - 23.10.
Farbe: Blau - Rot
Planet: Venus
Edelsteine:

Topas (blau), Saphir, Aquamarin, Koralle und rosa Turmalin.
Steine, die uns lehren, innere Wünsche kraftvoll zum Ausdruck zu bringen.

Skorpion 24.10. - 22.11.
Farbe: Rot - Schwarz
Planet: Pluto
Edelsteine:
Hämatit, Sarder, roter Turmalin, Sardonyx, Onyx und Sugilit.
Steine, die Kraft und Lebensenergie voll zur Entfaltung kommen lassen.

Schütze 23.11. - 21.12.
Farbe: Blau
Planet: Jupiter
Edelsteine:
Lapislazuli, Apatit, Chalcedon, Saphir und Azurit.
Steine, die Hilfe bringen und Abstand und Frieden einkehren lassen.

Steinbock 22.12. - 20.1.
Farbe: Grün - Schwarz
Planet: Jupiter
Edelsteine:
Malachit, Chrysopras, grüner Turmalin, schwarzer Turrnalin und Onyx.
Steine, die Negatives fernhalten und Ruhe für die Sinne bringen.

DIE EDELSTEINZUORDNUNG NACH DER INDIANISCHEN ASTROLOGIE

20. 01. - 18. 02.
Silber (Mineral)

19. 02. - 20.03
Türkis

21. 03. - 19. 04.
Feueropal

20. 04. - 20.05.
Chrysokoll

21. 05. - 20.06.
Moosachat

21.06. - 21.07.
Karneol

22.07. - 22. 08.
Granat, Eisen
Amethyst

23.09. - 21. 10.
Jaspis

22.10. - 01. 11.
Kupfer und Malachit

22.11. - 21.12.
Obsidian

22.12. - 19. 01.
Quarz

DEN PLANETEN ZUGEORDNETE
EDELSTEINBE UND METALLE
nach Überlieferung

Sonne: Diamant – Citrin – Gold

Mond: Mondstein – Perle – Silber

Merkur: Topas – gelber Saphir
Quecksilber

Jupiter: Saphir – Lapislazuli – Zinn

Venus: Hyazinth – Rosenquarz
Kupfer

Saturn: Spinell – Blei

Mars: Rubin – Granat – Eisen

Uranus, Neptun und Pluto waren noch unbekannt.

Heutige Zuordnungen:

Uranus. Türkis – Aquamarin – Amazonit

Neptun: Amethyst – Opal

Pluto: Hämatit – Sarder – Sugilith

WOCHENTAGE – PLANETEN – FARBEN
nach alten Überlieferungen

Montag – Mond – Silber

Dienstag – Mars – Rot

Mittwoch – Merkur – Gelb

Donnerstag – Jupiter – Blau

Freitag – Venus – Grün

Samstag – Saturn – Indigo

Sonntag – Sonne – Gold/Orange

PLANETEN UND FARBEN

nach neueren Überlieferungen

Mond – Silber – Weiß

Mars – Rot – rötlich

Merkur – Gelb – Orange

Jupiter – Blau

Venus – Blau – Rot

Saturn – Grün – Schwarz

Sonne – Weiß – Gelb

Neptun – Violett – Blau

Uranus – Blau – Grün

Pluto – Rot – Schwarz

TALISMANE UND SCHUTZSTEINE

nach Überlieferungen

Talismane und Schutzsteine waren beliebt, um die Götter zu besänftigen und ihren Schutz zu erbitten. Sie sollten bei Liebeskummer helfen und ihre Symbolkraft auf den Träger übertragen.

Der **Skarabäus** ist als Talisman in verschiedenen Steinarten Symbol des Sonnengottes und steht für Schönheit und Freude.

Das **Ank** symbolisiert das Leben.

Der **Isisknoten** ist Symbol für Zauberkraft und Fruchtbarkeit.

Der **Obelisk** steht für die Lichtkraft des Gottes Ra.

Die **Pyramide** führt reine, starke Energie mit sich, die sie durch ihre besondere Bauweise oder den Schliff überträgt. So ist sie Symbol für Energie und Lebenskraft.

Die **Kugel** symbolisiert die Unendlichkeit.

STEINSYMBOLIK

Der **Achat** symbolisiert Glück und Schutz, besonders für neu-geborene Kinder.

Der **Amethyst** steht für Seelenreinheit und spirituelle Entwicklung.

Der **Aquamarin** ist Schutzstein der Seeleute.

Der **Bergkristall** wird Stein der Götter genannt und symbolisiert Reinheit.

Der **Diamant,** der König der Edelsteine, symbolisiert magische Eigenschaften.

Der **Granat** wurde früher Karfunkel genannt und symbolisiert Schutz vor Unglück. Er gilt auch als Symbol für Freundschaft.

Der **Heliotrop** symbolisiert das Blut Christi durch seine roten Punkte und gilt als Schutz-, Heil- und Kraftstein.

Der **Hämatit** soll böse Geister vertreiben und Kraft spenden, seit Alexander der Große, im dritten Jahrhundert vor Christi, seine Soldaten mit Hämatiten aufs Feld schickte, um Siege zu erringen.

Die **Jade** ist das Symbol von Leben.
Aus Jade gefertigte Schmuckstücke hatten jeweils eigene Bedeutungen.

Der **Jaspis** symbolisiert Kraft und Stärke und war der Göttin Isis geweiht.

Der **Karneol**, auch als Zauberstein bekannt, symbolisiert Mut und Kraft.

Der **Lapislazuli** wird Stein des Himmels genannt. Er symbolisiert Macht, Stärke, Weisheit, Liebe und Gottesfürchtigkeit.

Der **Magnetit** ist ein Symbolstein zur Wunscherfüllung.

Der **Malachit** soll Schutz vor Hexen bringen und das innere und das äußere Sehen verstärken.

Der **Obsidian** erfreut sich besonderer Beliebtheit als Schutz vor bösen Geistern.

Der **Opal** war bei den Römern und Ägyptern Symbol der Vereinigung aller Edelsteine und positiver Energien.

Die **Perle** ist ein Symbol für Lebenskraft.

Der **Rosenquarz** war schon bei den Römern Symbol für die Schönheit und Liebe. Nach neueren Überlieferungen soll er Schutz vor Strahlungen und unreinen Energien bieten.

Der **Rubin** ist das Symbol der Liebe und der Kraft, aber auch ein Stein, der Unglück ankündigt und uns warnen soll.

Der **Saphir** ist ein Stein der Weisheit und symbolisiert spirituelle Erleuchtung.

Der **Smaragd** gilt als Symbol der Hoffnung und Stärke.

Der **Türkis** steht für Magie und Wunscherfüllung.

Der **schwarze Turmalin** ist Schutzstein vor allem Negativen und Symbol der Magie.

Der **Zirkon** (bzw. Hyazinth) ist Symbol der Anziehungskraft.

Hinweis:
Edelsteine als liebevolle Begleiter oder Schutzsteine mögen es nicht, wenn sie mit Kleingeld oder sonstigem Tascheninhalt den Tag verbringen müssen. Beutel oder Kisten zum Aufbewahren geben ihnen Ruhe, aber sie haben es dann schwer, durch diese Fremdenergie unsere Augen oder die Haut, über die wir die Energie aufnehmen, zu erreichen. Sie sind gern mit unserem Körper (z.B. in der Hand) verbunden. Trommelsteine sind hierzu besonders beliebt und geeignet. Wenn wir spüren, dass die Steine müde sind, ist eine Reinigung nötig und hilfreich.

Anmerkung:
Trommelsteine sind Edelsteine, die sich in einer Trommel unter Zusatz von Schleifmitteln polieren und in Form trommeln.

METALLE

Gold - Symbol für Reinheit und Fülle

Silber - Symbol für Schutz und Kraft

Kupfer - Symbol für Willensstärke, Kampfgeist

Eisen - Symbol der Stärke und Ausdauer

REINIGUNG UND AUFLADEN
DER EDELSTEINE

Wenn wir ein weißes Tuch ins Spülbecken legen und fließendes Wasser für ca. fünf Minuten über die Steine laufen lassen, sollte es für die äußerliche Reinigung genügen. Wenn es keine Möglichkeit geben sollte, den Stein unter fließendem Wasser zu reinigen, so können wir die Reinigung mit der Kraft der Gedanken vornehmen. Hierbei stellen wir uns vor, dass wir den Stein an einer sprudelnden Quelle reinigen und ein leiser Wind ihn sanft trocknet.

Wer die Steine aufladen möchte, kann dafür gut Drusen oder Kristallgruppen verwenden. Der aufzuladende Stein oder das Schmuckstück sollte für ca. zwölf Stunden auf oder in dem Kristall liegen, damit Energie und Kraft sich neu ordnen können.

Besonders kraftvoll sollen Steine, wenn sie als Heilsteine Anwendung finden, im Mondlicht aufgeladen werden, .

Hinweis:
Bitte Steine nicht in die Sonne legen, denn nur wenige Edelsteine vertragen die Sonne, ohne dass sie ihre Farbe verlieren oder auf Dauer Hitzeschäden erleiden. Würden sie auf Bäumen wachsen, lägen sie sicher an der Oberfläche.

ZAHL DER HARMONIE

In der Antike war die Zahl Zwölf Symbol der Harmonie und der Vollkommenheit. Sie wurde als heilige Zahl betrachtet. Edelsteine und Zahlen hatten von eins bis zwölf eine enge Verbindung. Heute finden wir in der kleinen Wunschkette die zwölf Perlen wieder und können mit ihr dem Mythos folgen, um Harmonie und Vollkommenheit in unsere Wünsche mit einzuschließen.

Vertraue auch du der kleinen Wunschschnur, indem du eine der zwölf Perlen zwischen Daumen und Zeigefinger hältst und deinen Wunsch mit Inbrunst leise sprichst. Wiederhole den Wunsch und die Geste mit jeder einzelnen Perle vor dem Einschlafen und vor dem Aufstehen. Behandle die Perlen sorgsam und gefühlvoll, trage sie jederzeit bei dir. Wenn der erste Wunsch sich erfüllt hat, kannst du von Neuem wünschen.

Anmerkung:
Die kleine Wunschschnur sollte aus Edelsteinperlen gefertigt werden, jedes andere Material kann aber auch Wünsche erfüllen.

DIE ZWÖLF MAUERN DES NEUEN JERUSALEM AUS DER APOKALYPSE

1. **Jaspis** – Glaube – Tugend

2. **Saphir** – Gebot der Liebe

3. **Chalcedon** – Die Heilige Dreieinigkeit

4. **Smaragd** – Zeichen für die vier Evangelien

5. **Sardonyx** – Fünf Sinne

6. **Sarder** – Erschaffung des Menschen und die Kreuzigung Christi am sechsten Tag

7. **Chrysolith** – Die Gaben des Heiligen Geistes

8. **Beryll** – Zeit der Auferstehung als achte Weltzeit

9. **Topas** – Zeichen für die neun Engelschöre

10. **Chrysopras** – Die Zehn Gebote

11. **Hyazint** – Zehn und eins enthält die Kenntnis der Heiligen Schrift

12. **Amethyst** – Die zwölf Apostel.
    Die zwölf **Perlen** bilden zwölf Tore.

Ihr sollt das Heiligtum nicht den Hunden geben und eure Perlen nicht vor die Säue werfen.
Matthäus 7,6

ZAHLEN – FARBEN – EDELSTEINE

1 – Rot – Rubin
2 – Orange – Padparadscha, (gelber Saphir)
3 – Gelb – Citrin
4 – Grün – Turmalin
5 – Blau – Saphir
6 – Indigo – Lapislazuli
7 – Violett – Amethyst
8 – Silber – Mondstein
9 – Gold – Topas

DIE BEZIEHUNG ZWISCHEN EDELSTEIN
UND MENSCH
IN DER ANTHROPOSOPHIE

Peridot – Gesichtssinn

Onyx – Gehör; Inspiration

Karneol – Tastsinn

Jaspis – Geruchssinn

Smaragd – Bewegungssinn

Beryll – Verstand

Granat – Vorstellungsvermögen

Rubin – Intuition

Hyazint – Geistiges Gesicht

Amethyst – Nächstenliebe

Die anthroposophische Lehre Rudolf Steiners gliedert die Natur in das Mineral-, Pflanzen-, Tier- und das menschliche Reich. Die Lichtkräfte der Edelsteine sollten zu ihrer Vereinigung beitragen.

WIE ERWECKEN WIR UNSERE SELBSTHEILUNGSKRÄFTE MIT HILFE DER EDELSTEIN- UND FARBENERGIE?

Wir nehmen einen passenden Stein in unsere Hand und legen einen zweiten auf die problematische Stelle oder auf das Chakra. Jetzt geht es um die Frage; wie würde ich mich fühlen wollen, wenn ich gesund bin und was würde sich alles verändern, wenn ich wieder froh und ohne Schmerzen am Leben teilhaben könnte. Die Antwort darauf ist wichtig. Die daraus gewonnenen Empfindungen und Gefühle setzen die Selbstheilungskräfte wie von selbst in Gang.

Die Wirkung der Selbstheilung mit Edelsteinen oder Farben kann sehr unterschiedlich sein. Es ist möglich, dass bei der Heilung, die immer zugleich die körperliche und seelische Verfassung betrifft, Verdrängtes in Bewegung und an die Oberfläche gelangt. Bei einer ganzheitlichen Heilung spielen Gefühle immer eine wichtige Rolle. Traurigkeit und Ängste sind Beispiele. Solche Reaktionen können positiv wirken, wenn sie verarbeitet und nicht wieder verdrängt werden. Eine gute Möglichkeit ist das Gespräch über die Gedanken und Gefühle mit Freunden.

Gedanken und Gefühle müssen ausgesprochen werden, um sie zu verstehen und loslassen zu können, damit sich neue Gefühle einstellen und dein Leben positiv begleiten. Du bist dabei, deinen Körper und dein Leben neu zu ordnen. Das Wichtigste im Leben bist du jetzt selbst mit deinen Gefühlen. Keine Krankheit, keine Sorgen sollten so groß werden, dass du dein Leben nicht mehr in Freude und Harmonie genießen kannst.

Wenn der körperliche und geistige Zustand sich gebessert haben, können neue Menschen und Ideen in dein Leben treten und dich auf deinem Weg begleiten.

Anregungen

Hier einige Beispiele zur Anregung eigener Überlegungen. Wenn ich traurig bin, werde ich kein Grau oder Schwarz tragen, denn, wenn ich friere, lege ich mir auch kein Eis auf die Stirn, sondern mache den Ofen an. Nur weil gerade Rot modern ist, muss ich es nicht unbedingt tragen, wenn ich ohnehin schon ein mit voller Antriebskraft geladener oder aggressiver, gereizter Mensch bin. Gelb oder Grün wäre die bessere Farbe. Fehlt mir aber Antriebskraft und Tatendrang, ist Rot eine gute Hilfe, um die Energie im ersten Chakra zu unterstützen und so Kraft aus der Basis zu schöpfen.

Einordnung der Farbenergie

Wenn wir nun wissen, welches Chakra wir unterstützen wollen, welche Energie wir benötigen und die passende Farbe oder den Edelstein gewählt haben, ist der erste Schritt zur Selbstheilung schon getan.

Als Helfer stehen bei mir die Edelsteine und Farben an erster Stelle. Wir müssen uns aber auch Energien in uns, und um uns herum bewusst machen. Wir können unsere Gesundheit nicht nur Anderen anvertrauen, sondern auch , wie schon erwähnt, mit Hilfe der Energien unsere Selbstheilungskräfte wecken und erhalten. Natürlich nicht ohne auch medizinische Hilfe, wenn nötig, in Anspruch zu nehmen.

Wenn du Edelsteine bei Freunden auflegst, kann es vorkommen, dass du durch diese intensive Energie eine Störung im Körper schon erkennst, bevor sie sich im Körper manifestiert hat. Das wichtigste – ich möchte es noch einmal betonen – ist, bei jeder Form der Heilung positive Gefühle zu entwickeln. Unsere Vorstellungskraft wird uns dabei helfen, die nötigen

Gefühle für ein gesundes Körperbewusstsein zur Unterstützung der Edelsteine und Farben zu erzeugen.

Die Wünsche zur Gesundung werden immer mit einbezogen, egal ob wir nur einen bestimmten Körperteil, ein bestimmtes Problem oder alle Chakren ansprechen wollen.

ANWENDUNG
DER EDELSTEINE UND FARBEN
IM ALLTAG

Steinwasser

Ein farbiger Edelstein muss gründlich gereinigt werden und dann für zwölf Stunden in ein halb gefülltes Glas mit Wasser gelegt werden. Bitte täglich für mindestens vier Wochen schluckweise trinken, danach eine Pause von vierzehn Tagen einlegen.

Farbwasser

Mit einem Glas Wasser, Farbfolie und Farbstift kann Farbwasser bereitet werden, mit dem wir die Farbenergie aufnehmen können. Das Glas wird am Boden von außen mit der ausgewählten Farbe angestrichen, mit Wasser zu zwei Dritteln gefüllt und mit Farbfolie abgedeckt. Wenn möglich, sollte das Wasser so für mindestens drei Stunden in die Sonne gestellt werden, um es danach täglich schluckweise zu trinken. Farbige Säfte sind eine Augenweide für die Seele.

Farben essen

Farben im Essen und in den Getränken sind nicht nur über die Augen für das Nervensystem eine Erholung, sondern auch für den Organismus und das Verdauungssystem. Beim Anblick farbiger Speisen werden der Speichelfluss angeregt und Magen und Darm dadurch vorbereitet. Farbiges Essen bringt Lebensenergie, Abwechslung und Freude in den Alltag. Bei der Sonne können wir uns dafür bedanken, denn sie gibt durch Farbübertragung unserer Nahrung Kraft.

Einige Beispiele:

Rot: Paprika, rote Bohnen, Himbeeren, Erdbeeren

Orange: Kürbis. Papaya, Orangen, Karotten

Gelb: Melone, Zitrone, Bananen

Grün: Salate, Gurke, grüne Bohnen, Weintrauben, Waldmeister

Blau: Pflaumen, Weintauben, Blaubeeren

Indigo: Brombeere

Violett: Rote Beete, schwarze Johannisbeere

Wohnen mit Farbe

Wenn wir Räume in Farbe tauchen möchten, ist es ein Leichtes, farbige Glühbirnen einzusetzen oder farbiges Transparentpapier vor die Fenster zu spannen.
Bunte Bilder an den Wänden, Tischdecken, Servietten und viele Kleinigkeiten helfen, Farbe in den Wohnraum zu bringen. Edelsteinesollten hier ihren festen Platz haben.

Anmerkung:
Glühbirnen sind allerdings nicht mehr lange aus Gründen der Energieersparnis im Handel.

Kleidung und Farbe

In der Farbwahl unserer Garderobe sollten wir besonders achtsam sein. Die Mode gibt uns bestimmte Farben vor, die nicht immer mit der von uns benötigten Energie übereinstimmen. Wer dem Trend der Mode folgen will, muss also auf genügend Ausgleich achten. Wirkungskräfte strahlen nicht nur von innen nach außen, sondern auch von außen nach innen. Wichtig ist, dass wir die Farben in unserem Umfeld, wenn irgend möglich, ganz bewusst wählen. Viele Chancen, uns mit Farbe zu umgeben, nehmen wir nicht wahr und bekommen so schnell ein Defizit an Energie. Ein kleiner Handstein kann da schon eine große Hilfe sein.

Farben und Farbe

Ein wenig Farbe oder farbige Stifte erwecken nicht immer einen Menschen zum Künstler, aber sehr oft zum Lebenskünstler. Farbe kann nach einiger Übung nicht nur ein Bild aufs Papier bringen, sondern allein durch den Vorgang des Malens die Stimmung beeinflussen.
Rot kann aggressiv machen und ein helles Grün beruhigen. Also bitte auch hier bewusst arbeiten.

Anmerkung
Durch das Erlebnis mit Farbe und Pinsel bin ich zur Aquarellmalerei gekommen und eine leidenschaftliche Malerin geworden.

Hinweis
Auch im Umgang mit Farben sind viele und oft gegensätzliche Aussagen überliefert. Viele Versuche haben neue Ergebnisse hervorgebracht, die nicht immer übereinstimmen. Dennoch oder gerade deshalb regen sie zum eigenen Entdecken und Erleben an.

Farbatmen als Meditation

Jede Chakrafarbe eignet sich zum Farbatmen und zur Aufladung der Chakren. Mit unserer Vorstellungskraft visualisieren wir eine bestimmte Farbe und atmen die farbige Energie tief ein, um das Chakra mit neuer Energie zu füllen. Beim Ausatmen lassen wir verbrauchte Energie hinaus. Langsames Atmen und zur normalen Atmung übergehen entspannt schnell, neue Energie strömt in die Chakren. Die Atmung sollte über sechs bis zehn Minuten ausgeführt werden. Zehn Minuten Ruhepause danach runden die Farbatmungsmeditation ab.

Was aber ist Meditation?
Meditation ist jede Aktivität, die den Geist in vollständiger und vollkommener Sammlung verharren lässt. Wenn wir unsere ganze Aufmerksamkeit auf etwas bestimmtes richten, rückt dieser Teil in den Vordergrund und unsere Gedanken sind nur dort. Nur dort, alle anderen Gedanken, wie: Was würde wenn, verschwinden total. Was in den Vordergrund gerückt ist , fokussieren wir. Wir sind voller Harmonie und Liebe.– Wir sind –, ein Zustand, den wir von Grund auf in uns tragen. Nur unser Geist, die Gedanken, tausend Fragen und Ängste drängen sich dazwischen. Wenn wir die Stille der Meditation erlernen wollen, brauchen wir täglich ca. 15 -20 Minuten dafür. Sollten bei der Übung die Gedanken oder Gefühle sich nicht vertreiben lassen, betrachten wir sie wie Vögel die vorbei ziehen. Nach einiger Übung werden wir die wohltuende Wirkung und positive Entwicklung deutlich spüren. In der Meditation, wir könnten auch Entspannungsreaktion sagen, verlangsamen sich Herzschlag und Atmung deutlich spürbar. Der Energieverbrauch wird geringer. Der Geist ist still und ruhig aber dennoch wachsam.

Hier einige Beispiele zu Meditationen:

Farbe Grün (Aventurin) Herzenergie

Wir stellen uns vor, dass wir auf einer großen grünen Wiese stehen und in weiter, weiter Ferne den angrenzenden Wald erblicken. Wir atmen die reine klare Luft uns spüren die Weite die Ruhe. – Wir fühlen uns frei.
Das helle Grün der Wiese und des Waldes lassen Körper und Geist entspannen.
Wir spüren, wie das Grün eine Energie von Stille in uns erzeugt, wie wir stiller und stiller werden. Jede Zelle unseres Körpers spürt die grüne Energie, das Grün durchflutet unsere Seele unseren Körper. – Wir sind ganz still. –
Wir fühlen Freude und Liebe in uns und um uns herum, wir sind frei für das Spiel des Lebens.
Wir stellen uns vor, dass die grüne Energie besonders die Stellen durchdringt, in denen sich Blockaden festgesetzt haben. Wir atmen langsam tief ein und aus, tief ein und aus.
Wir spüren, wie das Grün in die Blockaden unseres Körpers dringt und sie mit heilender Wirkung umschließt und spiralenförmig auflöst. Die Energie fließt frei durch unseren Körper. Wir fühlen uns ruhig, frei und entspannt. Mit neuer Kraft, Mut und Zuversicht kommen wir wieder nach kurzer Entspannung zurück ins Hier und Jetzt.
Ende der Meditation.

Meditation Gelb (Bernstein), Solarplexus-Energie

Wir atmen ruhig durch, ein und aus, ein und aus. Die Hände und den gelben Bernstein legen wir auf unseren Solarplexus und atmen ruhig weiter.

Wir stellen uns vor, dass wir auf einer Wiese voller gelber Blumen spazieren gehen. Wir genießen die Stille und lauschen den zwitschernden Vögeln. Wir beobachten, wie die warme gelbe Sonne sich im Quellwasser des kleinen Baches, der aus den angrenzenden Bergen kommt, widerspiegelt. Wir atmen ruhig – ein und aus, ein und aus.

Ruhe und Friede spüren wir, während das Sonnenlicht vor unseren Augen als eine gelbe Kugel zu tanzen beginnt. Wir nehmen die kleine Kugel auf und spüren beruhigende, friedvolle, heilende Energie. Die gelbe Solarplexus-Gefühlsenergie. Wir schauen in die Kugel und fühlen in uns hinein. Wir fühlen uns neu aufgeladen von dieser pulsierenden gelben Energie. Wir fühlen uns stark, voller Tatendrang. So aufgeladen, rollt uns die gelbe Kugel mit der Gewissheit, dass wir sie jeder Zeit in unser Bewusstsein rufen können, davon.

Wir genießen noch einen Moment die angenehme Stille und das Gefühl der Freiheit, bevor wir wieder in die Gegenwart zurückkehren.

Ende der Meditation.

Chakra-Meditation (alle Chakrasteine)
oder: die Farbgedanken an sie visualisieren.

Bevor wir mit der Meditation beginnen, legen wir wenn möglich die passenden Edelsteine auf das betreffende Chakra.
Wir beginnen mit der Farbe Rot und zum Beispiel dem roten Jaspis im Basiszentrum.
Wir atmen ruhig ein und aus, wir entspannen uns.

Der rote Jaspis gibt mit jeder Einatmung seine Kraft und Energie an unser Basiszentrum ab, damit wir Mut und Stärke für den Alltag sammeln können. Wir atmen ruhig – ein und aus – ein und aus – das Basiszentrum wird mit Vitalität und Standfestigkeit zur Regeneration aufgeladen. Motivation und Interessen treten an die Stelle von Schwächen und Müdigkeit.

Wir atmen tief ein und aus – wir spüren uns jetzt kraftvoll und stark, genießen die Veränderung noch einige Minuten, bevor wir in das Sexualzentrum wechseln.

Sexualzentrum Karneol – Orange

Hier spüren wir den orangefarbigen Stein, mit seiner Wirkung der Einheit und Verschmelzung der Polarität. Wir atmen langsam und ruhig ein und aus, ein und aus. Wir werden Eins mit jedem Objekt, das wir betrachten, mit Mensch und Natur, wir verstehen und begreifen. Wir atmen die Energie des Sexualzentrums tief ein und spüren die wohltuende Wirkung, die dieses Zentrum mit kraftvoller Steinenergie füllt. Wir atmen ein und geben mit der Ausatmung verbrauchte Energie wieder ab. Ein und aus, ein und aus. Wir spüren Verschmelzung und Vereinigung.
Wir genießen kurze Zeit den Zustand der Entspannung und die Energie des Steines, bevor wir in den Solarplexus wechseln. – Wir spüren.

Solarplexus, zum Beispiel Bernstein – Gelb

Hier spüren wir den gelben Stein, wir spüren seine kraftvolle, warme, weiche Energie. Wir atmen tief ein und aus, ein und aus. Hier lernen wir Nehmen und Geben in Einklang zu bringen.
Wir sind der Gefühlswelt ganz nahe und können unsere Gefühle spüren, austauschen, zulassen oder verändern, wenn wir die Energie des Steines nutzen. Wir spüren uns und die Steinenergie

im Einklang. Wir spüren, wie wir über unsere Gefühle großen Einfluss auf unser Leben nehmen können. Wir atmen ruhig und entspannt – ein und aus – ein und aus –.
Stille ist um uns und Dankbarkeit.
Wir genießen noch einige Minuten diese Stille bevor wir zum Herzzentrum übergehen.

Herzzentrum, zum Beispiel Aventurin (grün) und Rosenquarz (rosa)

Wir atmen tief ein und aus, ein und aus. Wir spüren die Energie der beiden Steine, die Liebe und Kraft vereinen. – Wir spüren – Wir legen die Hände auf unser Herz und spüren Ruhe, Stille und Entspannung. – Wir spüren –.
.
Wir spüren, wie sich Widersprüche auflösen. Das liebevolle Lassen berührt uns im Herzen. – Wir spüren nach – wir spüren. Wir fühlen Dankbarkeit und Vergebung. Wir spüren das liebevolle Miteinander und die wohlwollende Toleranz. Wir atmen tief – ein und aus – ein und aus –. Wir fühlen uns liebevoll getragen von Gott und unsichtbaren Helfern. – Wir spüren –. Wir fühlen –. Wir atmen tief ein und aus, bevor wir dankbar in das Kehlkopfchakra wechseln.

Kehlkopf, zum Beispiel Chalcedon – hellblau

Hier hilft der Chalcedon, Schwierigkeiten in der Kommunikation und im körperlichen Ausdruck zu beseitigen.

Wir atmen tief – ein und aus – ein und aus. – Wir spüren das helle Blau, den Chalcedon, die Freiheit. Wir wünschen uns durch die Energie, die der Stein unterstützt, dass wir uns und unser wahres Ich tief im Inneren erkennen und auch unseren körperlichen Ausdruck voll entfalten und in der Kommunikation zeigen, wer wir wirklich sind. Wir atmen tief – ein und aus – ein und aus. Wir fühlen, wie der Chalcedon uns unterstützt.

Wir spüren Liebe, wir fühlen uns frei von Zwängen. Wir sehen den blauen Himmel und spüren die Weite, die Freiheit. – Wir spüren – wir fühlen –.

Wir genießen das Gefühl der Freiheit, und der Liebe. Wir spüren uns im körperlichen und sprachlichen Ausdruck gestärkt. Bevor wir das Kehlkopfzentrum verlassen und in das Stirnzentrum wechseln, verweilen wir noch ein wenig in dem Gefühl der Harmonie.

Stirnzentrum, 3. Auge, zum Beispiel Lapislazuli – indigoblau

Hier sehen wir mit geschlossenen Augen, was uns sonst verborgen bleibt. Wir spüren – wir sehen – wir lassen alle Kontrolle fallen. Wir erinnern uns mit jedem Atemzug unserer Intuition und lernen wieder intuitiv zu handeln. Wir spüren – wir fühlen –. Der Kopf wird frei. Wir erkennen Menschen, die uns hilfreich im Alltag zur Seite stehen, wir fühlen, wie wir uns mit ihnen verbinden. Wir bekommen Einblick in andere Ebenen. Situationen, die uns unklar waren, klären sich. Wir atmen tief – ein und aus – ein und aus –. Wir spüren und fühlen die Kraft, das Vertrauen, wir sind dankbar für die uns gegebenen Möglichkeiten.

Tiefes Ein- und Ausatmen lässt uns die Kraft des Stirnzentrums noch bewusster werden und verstehen. Danach wechseln wir nach einer Zeit der Entspannung in das Scheitel- oder Kronenchakra.

Scheitelzentrum, zum Beispiel Bergkristall, Amethyst – weiß – lila

Wir atmen – tief ein und aus – tief ein und aus–. Hier ist die Brücke zu unserer Seele, das machen wir uns während wir ruhig atmen bewusst.– Die Brücke zur Seele –. Hier können sich Körper und Seele vereinen.
Unser Atem wird ruhig, immer ruhiger.

Wir spüren die Brücke zu Raum und Zeit. – Wir spüren –.
Wir fühlen uns eins mit allem, wir verstehen, begreifen unseren Lebenssinn. – Den Sinn unseres Daseins. – Wir spüren die Verbindung und das Vertrauen zu Gott. Wir atmen tief – ein und aus – ein und aus –. Wir spüren die Kraft, die Energie – wir lassen los –. Wir spüren die Kraft in uns. Unsere Möglichkeiten. Wir spüren – wir fühlen uns wohl. Wir atmen tief ein und aus – ein und aus – und kommen gestärkt nach einigen Minuten zurück ins Hier und Jetzt, mit der Gewissheit, jeder Zeit in diesen Zustand der Erkenntnis zurückgehen zu können.

Ende der Meditation.

Meditation mit der Pyramide

Wir entspannen uns und atmen mehrmals tief ein und aus – ein und aus. Wir schließen die Augen.

In unserer Vorstellung sehen wie uns jetzt als Pyramide. Wir atmen ruhig und spüren die große untere Fläche, die Standfestigkeit, die Kraft. Wir spüren, wie wir und die Pyramide mit der Erde verbunden sind. Hier lassen wir jetzt sanft die rote Steinenergie eindringen. Wir spüren die Stärke, die Sicherheit, das Vertrauen in uns.

Jetzt sehen wie den mittleren Raum, er ist kleiner, leichter, gefüllt mit liebevoller Schwingung, die pulsierend nach oben und unten Energien an uns abgibt und uns mit der gelben Steinenergie erfüllt. Wir fühlen Ruhe und Zufriedenheit.

Nun wenden wir uns der Spitze zu. Sie ist schmaler als die unteren Teile und dennoch haben wir das Gefühl, dass hier die Energie eine andere kraftvolle Schwingung hat. Es ist die Schwingung der Weisheit, des Verstehens. Hier in der Spitze des Bewusstseins ist der Übergang zum höheren Selbst nicht weit. Die violette Energie durchdringt uns, erfüllt uns.

Wir atmen ruhig weiter und spüren im unteren Teil die rote Energie, in der Mitte die gelbe Energie und in der Spitze die violette Energie. Alle 3 Energien der Pyramide laden uns auf und helfen uns und unserer Tun und Handeln zu verstehen.

Wir spüren, wir fühlen die Ruhe, die Liebe und Kraft, die uns jetzt erfüllt, die in uns ist.

Wir atmen ruhig und spüren einige Zeit nach, bis wir wieder die Augen öffnen.

Ende der Meditation.

Anmerkung: Meditationen auf Band oder CD gesprochen, sind eine gute Methode, sich beim Abhören zu entspannen.

DIE KRAFT DER GEDANKEN

Mit unserer Vorstellungskraft können wir jede Farbe in unserem Körper und in unseren Energiezentren visualisieren, dies ist besonders bei Farbatmen, Entspannungsübungen und Meditation eine große Hilfe. Farben und Edelsteine ergeben eine Einheit, wenn es um Heilung, Motivation oder Entspannung geht.

Uns steht eine große Auswahl an unterschiedlichsten Möglichkeiten in Form und Farben zur Verfügung, die wir als Energiespender nutzen können. Alte Überlieferungen und neue Erfolge zeigen Wege zum ganzheitlichen Leben und Heilen auf. Mit der Kraft der Gedanken können wir auch in den Meditationen unser Gleichgewicht wieder herstellen.

Ganz gleich für welche der Möglichkeiten zur Veränderung wir uns entscheiden – Edelsteine, Farben oder einfach nur positives Denken und Meditation – wir sollten immer das Gefühl haben, dass die gewählte Energie zu uns passt und unserem Körper, unserer Seele gut tut und das Leben in positive Bahnen lenkt. Nach einigen Versuchen wird jeder für sich die beste Möglichkeit herausfinden und Erfolge spüren.

SELBSTHEILUNG

Die Wirkung der Selbstheilung mit Edelsteinen oder Farben kann sehr unterschiedlich sein. Es ist möglich, nach der Heilung, die immer mit der körperlichen und seelischen Verfassung einhergeht, dass Verdrängtes in Bewegung und an die Oberfläche kommt. Es ist ja eine ganzheitliche Heilung und da spielen Gefühle eine wichtige Rolle. Traurigkeit, Ängste und Unverständlichkeit sind Beispiele dafür. Solche Reaktionen sind sehr positiv, wenn sie jetzt verarbeitet und nicht wieder verdrängt werden. Eine gute Möglichkeit ist ein Gespräch über die Gedanken und Gefühle mit Freunden.

Die Gedanken und Gefühle müssen aufgezeigt und ausgesprochen werden, um sie zu verstehen und loslassen zu können, damit sich neue Gefühle einstellen können und dein Leben positiv begleiten. Du bist dabei, deinen Körper, dein Leben neu zu ordnen und dabei bist du und sind deine Gefühle das Wichtigste. Keine Krankheit, keine Sorgen sollten so dominant werden, dass du dein Leben nicht mehr in Freude und Harmonie genießen kannst.

Wenn dein körperlicher und geistiger Zustand sich gebessert haben, können neue Menschen und Ideen in dein Leben treten und dich auf deinem Weg begleiten.

Wenn du Edelsteine bei Freunden auflegst, kann es vorkommen, dass du durch diese intensive Energie eine Störung im Körper schon erkennst bevor sie sich im Körper manifestiert hat. Das Wichtigste ist – ich möchte es noch einmal betonen – bei jeder Form der Heilung positive Gefühle zu entwickeln. Unsere Vorstellungskraft wird uns dabei helfen die nötigen Gefühle für ein gesundes Körperbewusstsein und zur Unterstützung der Edelsteine und Farben zu erzeugen. Die gefühlsmäßige Erkenntnis, wofür wir gesund werden wollen, was wir künftig ändern wollen, ist das Wichtigste, um einen Genesungsprozess zu fördern.

Farbenergie oder Steinenergie als Fernhilfe

Mit der Farb- und Edelsteinenergie können wir auch über weite Entfernung helfen, indem wir die Energie mit unserer Vorstellungskraft visualisieren und dann die Wirkung und Kraft der Farbe oder des Steines dem Empfänger senden. Die Dauer der Übertragung beträgt ca. fünfzehn Minuten, danach sollten wir zehn Minuten entspannen.

Ob Fernhilfe, Fernheilung oder Selbstheilung, es geht doch immer darum, unser Leben nicht zu überleben, sondern zu leben, zu lieben, zu lassen und voller Glück und Freude zu genießen. Wenn wir all unsere Kraft zum Erhalt unserer Gesundheit einsetzen, können wir uns auch geistig weiter entwickeln.

Anmerkung:
Bitte keine Fernenergien ohne Zustimmung des Empfängers schicken.

Namenssteine zur Unterstützung

Zur Unterstützung der eigenen Kräfte und Fähigkeiten eignet sich auch sehr gut ein Namensstein.
Namenssteine errechne ich, wie, das bleibt mein Geheimnis, nach bestimmten Kriterien selbst aus.
Hier einige Beispiele.

Weibliche Namen

Die Begleiter von Angelika sind Granat und Malachit.
Die Begleiter von Anita sind Opal und Granat.
Die Begleiter von Anke sind Heliotrop und Amethyst.

Die Begleiter von Birgit sind Granat und Bergkristall.
Die Begleiter von Barbara sind Sodalith und Feueropal.
Die Begleiter von Berta sind Amazonit und Rosenquarz.

Die Begleiter von Carla sind Chrysokoll und Bergkristall.
Die Begleiter von Carola sind Azurit und Amethyst.
Die Begleiter von Christine sind Karneol und Bergkristall.

Die Begleiter von Dorothea sind Saphir und Rhodochrosit.
Die Begleiter von Doris sind Sodalith und Heliotrop.
Die Begleiter von Dagmar sind Jaspis und Citrin.

Die Begleiter von Erika sind Chalcedon und Heliotrop.
Die Begleiter von Elke sind Amethyst und Chrysokoll.
Die Begleiter von Evelyn sind Lavendelquarz und Heliotrop.

Die Begleiter von Fanni sind Rubin und Citrin.
Die Begleiter von Friede sind Feueropal und Granat.

Männliche Namen

Die Begleiter von Artur sind Rubin und Fluorit.
Die Begleiter von Arnold sind Epidot und Bergkristall.
Die Begleiter von Anton sind Citrin und Feueropal.

Die Begleiter von Burkhard sind Zitrin und Tigerauge.
Die Begleiter von Bernhard sind Peridot und Rosenquarz.
Die Begleiter von Boris sind Heliotrop und Azurit.

Die Begleiter von Carsten sind Turmalin und Rosenquarz.
Die Begleiter von Clemens sind Karneol und Amethyst.
Die Begleiter von Christian sind Turmalin und Bergkristall.

Die Begleiter von Daniel sind Rubin und Jade.
Die Begleiter von Detlef sind Lapislazuli und Hämatit.
Die Begleiter von Dirk sind Chalcedon und Tigerauge.

Die Begleiter von Ernst sind Amethyst und Granat.
Die Begleiter von Erich sind Jade und Lapislazuli.
Die Begleiter von Erik sind Heliotrop Aquamarin.

Die Begleiter von Fritz sind Azurit und Jaspis.
Die Begleiter von Franz sind Rubin und Amethyst.
Die Begleiter von Friedrich sind Türkis und Bergkristall.

Namenssteine – Glückssteine müssen wir bei uns tragen und
immer eine Verbindung zu ihnen halten, wenn sie ihre Wirkung
entfalten sollen.

ENTSPANNUNG

Auch das Malen von Bildern eignet sich hervorragend zur Entspannung. Wenn ich male, vergesse ich die Dinge um mich herum und bin ganz eins mit mir fernab aller Gedanken.

Hier noch eine kleine Steingeschichte

Nach alten Überlieferungen soll der Beryll der Brille ihren Namen gegeben haben. In Rom, so wird berichtet, wurden achteckige Berylle als Augengläser getragen. Kaiser Nero soll die Kämpfe der Gladiatoren durch einen der kostbarsten Berylle, den Smaragd, betrachtet haben. Die Vielfalt der Berylle macht uns die Auswahl oft schwer, auch wenn sie heute anderen Zwekken dienen und wir sie nicht mehr als Brille benutzen.
Zur Beryllgruppe gehören: Smaragd, Aquamarin, Goldberyll, Heliodor und Morganit. Der rote Beryll ist eine Rarität.

Nachsatz

Ich hoffe und wünsche, dass Sie Freude an der kleinen Zusammenstellung meiner Erfahrungen und Begegnungen mit Edelsteinen und Farben haben. Wenn Sie ab heute auch nur ein wenig bewusster die Farb- und Steinenergie auf allen Ebenen einsetzen, werden sich Ihr Wohlbefinden und Ihre Lebensqualität schnell positiv verändern oder stabilisieren.

Und noch etwas: Noch immer sind die Themen Selbstheilung, Geistheilung oder Heilung mit Farben und Edelsteinen sehr umstritten. Deshalb möchte ich betonen, dass ich hier nur meine eigene Erfahrung und die daraus resultierende Meinung wiedergebe, die nicht unbedingt mit anderen Aussagen und Überlieferungen übereinstimmen muss.
Auch möchte ich keinem Leser davon abraten, fachärztliche Hilfe in Anspruch zu nehmen – Hilfe, die auch ich gern annehme, wenn es um ganzheitliche Heilung geht.

Ihre
Monika Finger

AUSKLANG

Licht wird Farbe, wenn es bricht.
Es erhellt den Tag und unsere Seele.
Bunte Sehnsucht wird erfüllt,
grüne Bäume uns beglücken,
wenn die Farben uns durch Licht
im Sonnenglanz entzücken.

M. F.

Monika Finger
Angekommen
140 Seiten
ISBN 3-8311-3600-9

Was geschieht, wenn eine gestandene Geschäftsfrau sich plötzlich in der Manege des großen Esoterikzirkus wiederfindet?

Monika Finger ist es so ergangen. Eine Lebenskrise führte sie zu einer Heilpraktikerin und schon fand sie sich wieder in der Welt der Hellseher, Orakel, Wunderheiler, Medien, Wahrsager, Sterndeuter, Kräuterfrauen, Gurus, Adepten, Lichtgestalten und solchen, die es werden wollten. Aber welcher Rat ist gut und welcher nur teuer?

Wie unterscheidet man Botschaften aus der Zukunft von Nachrichten aus der Rumpelkammer des Unbewussten? Und gibt es zwischen all den Gurus und Gescheiterten nicht doch etwas Wichtiges zu erfahren?

Finden Sie es selbst heraus auf einer rasanten, lehrreichen und oft komischen Tour durch die Welt der Spiritualität.

Eine weitere Empfehlung:
Die Edelstein Meditation
„*Spiel des Lebens*",
Die Bücher und die CD können auch unter www.seeleundco.de
bestellt werden.